Without You (Badfinger-Lied)

Without You	
Badfinger	
Veröffentlichung	1970
Länge	4:42
Genre(s)	Softrock
Autor(en)	Peter Ham, Tom Evans
Verlag(e)	Apple Records
Album	No Dice
Coverversionen	
1971	Harry Nilsson
1993	Mariah Carey

Without You ist ein Lied der britischen Gruppe Badfinger, das auf deren Album No Dice 1970 erschien. Geschrieben wurde es von den Bandmitgliedern Peter Ham und Thomas Evans. Ein anderer Song gleichen Titels war in den 1950er Jahren ein Hit für Eddie Fisher und 1961 für Johnny Tillotson gewesen.[1]

Einer Anekdote von Fred Bronson zufolge hörte Harry Nilsson das Lied, als er mit einem Freund Schallplatten anhörte. Am nächsten Tag rief Nilsson seinen Freund an, um sich nach dem Interpreten zu erkundigen, mutmaßend, es müsse doch ein Beatles-Titel gewesen sein. 15 Leute suchten daraufhin erfolglos in Platten der Beatles und der ebenfalls britischen Band Grapefruit, ehe jemand auf den richtigen Namen „Badfinger" kam. Ein erneutes Anhören verlief zwar enttäuschend für Nilsson, sein Produzent Richard Perry bestärkte ihn jedoch in seinem Wunsch, den Song in einer eigenen Fassung aufzunehmen.[2]

Nilssons Version von Without You erschien 1971 auf dem Album Nilsson Schmilsson mit Gary Wright am Klavier, Klaus Voormann am Bass und Chris Spedding an der Gitarre.[3] Das Album war Nilssons größter Erfolg, erreichte in den US-Alben-Charts Platz 3 und notierte 46 Wochen in den Album-Charts.[4] Der Song Without You wurde ein Nummer-eins-Hit in Großbritannien[5] und den USA, wo es sich vier Wochen an der Spitze der Charts halten konnte[6] und über eine Million Mal verkauft wurde.[7] Nilsson erhielt dafür einen Grammy.

Der Melody Maker kürte das Stück zur Platte des Jahres 1972.

1993 wurde der Song von Mariah Carey gecovert. Er erschien auf ihrem Album Music Box, das sich acht Wochen an der Spitze der US-Album-Charts hielt.[8] Without You wurde zu ihrem größten Hit in Europa, wo er 1994 in Deutschland, Österreich, der Schweiz und Großbritannien die Hitparaden anführte.

Andere bekannte Coverversionen stammen von Air Supply, Heart, Shirley Bassey, Timo Räisänen, Katie Melua und Chris de Burgh. In dem Zeitraum von 1970 bis 1989 konnten sich 41 Alben in den US-Albums-Charts platzieren, auf denen der Song Without You gecovert wurde.[9]

VORWORT ZU TEIL 3 (UND LETZTER TEIL) VON BLOOD ON THE ROOFTOPS

Ich dachte jahrzehntelang, das Original von Without You sei von Nilsson. So kann man sich irren... Nobody Is Perfect... In Teil 3 finden Sie/findet Ihr hauptsächlich Wikipedia und History. Dieses Buch ist eine Abrundung zu den zwei anderen Büchern. Viel Spaß! Vielleicht - wie bei den 2 anderen Bänden auch - kommen bei Euch Erinnerungen und Erlebnisse zu Songs oder Alben hoch. Vielleicht findet Ihr in den 3 Bänden von Blood On The Rooftops neue Musik für Euch! Da steht z.B. schwarz auf weiß in einfachen, stillen Buchstaben "In The Wake of Poseidon" (auch schon im Kapitel SONGS in Buch 1) - aber welch großartige Musik dahinter steckt. OK, ist natürlich Geschmacksache, für den einen ist zu wenig Hip Hop, für den anderen zu wenig Metal in den 3 Büchern... Aber es ist meine Party... Und nun heißt es wieder: schmökern, entdecken, auf you tube nachhören...

DAMALS IM FLASH

Das Flash in Kaiserslautern Anfang der 1980er: die Schnelltanzrunde bestand aus TNT (AC/DC), Fan Fan Fanatisch (Rheingold) und Tanz den Mussolini (Deutsch Amerikanische Freundschaft). Im Flash war zu jener Zeit auch das Konzert von Fischer Z (Vorband: The Sound). An einer Wand der Disco hatte ein Künstler astrein das Albumcover der Red Skies Over Paradise gemalt. Aber zurück zum Mussolini:

Der Mussolini Lyrics

New! Highlight lyrics to add Meanings, Special Memories, and Misheard Lyrics...

Geh' in die Knie

Und klatsch' in die Hände

Beweg' deine Hüften

Und tanz' den Mussolini

Tanz' den Mussolini

Tanz' den Mussolini

Dreh' dich nach rechts

Und klatsch' in die Hände

Und mach' den Adolf Hitler

Tanz' den Adolf Hitler

Tanz' den Adolf Hitler

Tanz' den Adolf Hitler

Und jetzt den Mussolini

Beweg' deinen Hintern

Beweg' deinen Hintern

Klatsch' in die Hände

Tanz' den Jesus Christus

Tanz' den Jesus Christus

Tanz' den Jesus Christus

Geh' in die Knie

Und dreh' dich nach rechts

Und dreh' dich nach links

Klatsch' in die Hände

Und tanz' den Adolf Hitler

Und tanz' den Mussolini

Und jetzt den Jesus Christus

Und jetzt den Jesus Christus

Und klatsch' in die Hände

Und tanz' den Kommunismus

Und jetzt den Mussolini

Und jetzt nach rechts

Und jetzt nach links

Und tanz' den Adolf Hitler

Tanz' den Adolf Hitler

Und jetzt den Mussolini

Und jetzt den Mussolini

Tanz' den Jesus Christus

Beweg' deinen Hintern

Und wackel' mit den Hüften

Klatsch' in die Hände

Und tanz' den Jesus Christus

Und tanz' den Jesus Christus

Und jetzt den Mussolini

Und tanz' den Adolf Hitler

Gib mir deine Hand

Gib mir deine Hand

Und tanz' den Mussolini

Tanz' den Kommunismus

Tanz' den Kommunismus

Und jetzt den Mussolini

Und jetzt den Adolf Hitler

Und jetzt den Adolf Hitler

Und jetzt den Jesus Christus

Und jetzt den Mussolini

Und jetzt den Kommunismus

Und jetzt den Adolf Hitler

Und jetzt den Mussolini

Und jetzt den Mussolini

Tu' den Mussolini

Tanz' mit mir den Hitler

Tanz' mit mir den Hitler

Und geh' in die Knie

Beweg' deine Hüften

Klatsch' in die Hände

Und tanz' den Jesus Christus

Und tanz' den Jesus Christus

Und jetzt den Mussolini

PROGROCK

Bei Progrock denke ich zuerst an 70er Jahre-Bands wie Genesis, Yes, Pink Floyd, Emerson Lake & Palmer, King Crimson oder Manfred Mann´s Earthband oder Jethro Tull. In den 90ern/2000ern entstand eine neue Generation an Progrock-Künstlern, allen voran Porcupine 'Tree bzw. dessen Mastermind Steven Wilson. Dieser peppte 70er Progrock-Klassiker als Produzent von Wiederveröffentlichungen neu auf. Meine Lieblinge sind z.B. Alben wie die Dark Side Of The Moon, The Lamb Lies Down On Broadway oder die Watch oder die Yessongs. Grandiose Songs dieses Genres sind z.B. In The Wake of Poseidon (King Crimson), Lady Fantasy (Camel), Supper´s Ready (Genesis) oder Echoes (Pink Floyd)... Nachfolgend eine Liste von 50 Progrock-Alben, ausgewählt vom Rolling Stone (Wikipedia):

Die 50 besten Progressive-Rock-Alben aller Zeiten

Die 50 besten Progressive-Rock-Alben aller Zeiten (Original: 50 Greatest Prog Rock Albums of All Time) ist eine Liste von 50 Top-Alben des Musikgenres Progressive Rock, die die Zeitschrift Rolling Stone am 17. Juni 2015 veröffentlicht hat.[1]

Häufigste Nennungen

Die britischen Bands Genesis, King Crimson, Pink Floyd und die kanadische Band Rush sind jeweils mit drei Alben vertreten, gefolgt von der britischen Band Yes mit zwei Werken. Mit den Bands Amon Düül, Can, Tangerine Dream und Triumvirat schafften es vier deutsche Bands in die Top-50-Liste.

Die Liste

Platz	Album	Band/Interpret	Jahr	Anmerkung
1	The Dark Side of the Moon	Pink Floyd	1973	
2	In the Court of the Crimson King	King Crimson	1969	
3	Moving Pictures	Rush	1981	
4	Wish You Were Here	Pink Floyd	1975	
5	Close to the Edge	Yes	1972	

#	Album	Artist	Year
6	Selling England by the Pound	Genesis	1973
7	Thick as a Brick	Jethro Tull	1972
8	Future Days	Can	1973
9	The Lamb Lies Down on Broadway	Genesis	1974
10	Fragile	Yes	1971
11	Hemispheres	Rush	1978
12	Brain Salad Surgery	Emerson, Lake and Palmer	1973
13	Animals	Pink Floyd	1977
14	Foxtrot	Genesis	1972
15	Red	King Crimson	1974
16	Octopus	Gentle Giant	1972
17	Tubular Bells	Mike Oldfield	1973
18	One Size Fits All	Frank Zappa and the Mothers of Invention	1975
19	Per un amico	Premiata Forneria Marconi	1972
20	Larks' Tongues in Aspic	King Crimson	1973
21	Mirage	Camel	1974
22	2112	Rush	1976
23	Phaedra	Tangerine Dream	1974
24	Mekanïk Destruktïw Kommandöh	Magma	1973
25	De-Loused in the Comatorium	The Mars Volta	2003
26	Pawn Hearts	Van der Graaf Generator	1971
27	Crime of the Century	Supertramp	1974
28	Blackwater Park	Opeth	2001
29	Metropolis Pt. 2: Scenes from a Memory	Dream Theater	1999
30	U.K.	UK	1978
31	Ashes Are Burning	Renaissance	1973

#	Album	Artist	Jahr	Anmerkung
32	Leftoverture	Kansas	1976	
33	Lateralus	Tool	2001	
34	In the Land of Grey and Pink	Caravan	1971	
35	Io sono nato libero	Banco del Mutuo Soccorso	1973	
36	Si on avait besoin d'une cinquième saison	Harmonium	1975	
37	Clutching at Straws	Marillion	1987	
38	You	Gong	1974	
39	Fear of a Blank Planet	Porcupine Tree	2007	
40	Third	Soft Machine	1970	
41	Yeti	Amon Düül II	1970	
42	Destroy Erase Improve	Meshuggah	1995	
43	Eldorado	Electric Light Orchestra	1974	
44	Hero and Heroine	Strawbs	1974	
45	Illusions on a Double Dimple	Triumvirat	1974	
46	Fandangos in Space	Carmen	1973	
47	Crack the Sky	Crack the Sky	1975	Debütalbum der amerikanischen Band
48	Black Noise	FM	1977	Debütalbum der kanadischen Band
49	Hyderomastgroningem	Ruins	1995	
50	Happy the Man	Happy the Man	1977	

Da freut sich der Autor... MEIN Album auf Platz 1... Leser von Teil 1 und 2 von Blood On The Rooftops dürfte schon bekannt sein, das dies mein Lieblingsalbum forever ist... Dazu einige Ausschnitte aus der Wikipedia:

The Dark Side of the Moon ist ein Konzeptalbum und das erfolgreichste Album der Rockgruppe Pink Floyd. Nach dem Erscheinen des Albums am 24. März 1973 wurde es jahrelang in den internationalen Hitparaden aufgelistet. Mit bis zum Jahre 2008 über 50 Millionen verkauften Tonträgern[1] wird es heute häufig als das zweitmeistverkaufte Album nach Michael Jacksons Thriller ausgewiesen. Noch heute werden jedes Jahr mehrere hunderttausend Exemplare verkauft.

Beim Albumtitel handelt es sich um eine im englischen Sprachraum verbreitete stehende Wendung, die auf ein Bonmot von Mark Twain zurückgeht, wonach jeder Mensch ein Mond sei, der eine dunkle Seite habe, die er niemandem zeige.

Die Idee kam dem Bassisten Roger Waters bereits im Herbst 1971. Seine Erfahrungen mit dem Niedergang des einstigen Pink-Floyd-Mitglieds Syd Barrett schuf den thematischen Rahmen: Was kann sensible Menschen in den Wahnsinn treiben? Waters wollte organisierte, anonyme Machtstrukturen wie das Geld, die Zeit, den Kriegswahnsinn aufzeigen. Auch ernüchternde Erfahrungen mit dem Musikbusiness und der Verlust einer Utopie, an die etwa noch die Hippiegeneration glaubte, färbten auf die Texte ab.

Kritik

Trotz des großen kommerziellen Erfolgs waren viele Kritiker zunächst unzufrieden mit der perfekt produzierten, aber im Vergleich zu den Vorgängeralben wenig avantgardistischen und eingängigen Musik des Albums. The Dark Side of the Moon sei Musik für „Hifi-Snobs", hieß es etwa. In der Zeitschrift Sounds wurde das Album als Ausverkauf früherer künstlerischer Erfolge verrissen: „Die Pink Floyd leben mittlerweile davon, sich selbst zu zitieren und zu kopieren, was heißen soll: Sie glänzen durch Einfallslosigkeit." Die Musik sei nur mehr „billiger Gebrauchsrock vom Fließband mit ergreifenden ‚Aaahs' und ‚Ooohs'", interessant sei eigentlich nur die letzte Textzeile des Liedes Brain Damage: „Sie lautet ‚See you on the dark side of the moon', und das sagt aus, wo man die Pink Floyd heute findet: hinterm Mond."[4] Im Laufe der Zeit änderte sich dies; das Album gilt heute längst auch unter Kritikern als Meilenstein: In der Liste des renommierten Fachblattes Rolling Stone der 500 besten Alben aller Zeiten rangiert die LP auf Platz 43.[5] Im Juni 2015 wählte dieselbe Zeitschrift das Album auf Platz 1 der 50 besten Progressive-Rock-Alben aller Zeiten.[6]

Albumversionen

Es ist eines der wenigen Alben, die auch in einer Quadrofonie-LP-Version, in etwa vergleichbar mit 4.0-Raumklang, existieren. Es erschien als so genannte „Quadrophonic 8-Track-Cassette", die wie die Quadrophonie-LP in den frühen 1970ern ein wenig, vor allem aber in den Vereinigten Staaten, verbreitet war. Die 4-Spur- und 8-Spur-Cassetten sind jedoch nicht zu verwechseln mit der Compact Cassette, die ein völlig anderes Format hat.

2003 erschien The Dark Side of the Moon neu abgemischt von James Guthrie als SACD in einer 5.1-Kanal-Raumklangversion. Viele Fans bemängelten, dass nicht Alan Parsons, der Toningenieur der Abmischung von 1973, für diese Aufgabe herangezogen wurde.

2011 erschien das Album als Immersion Box, die unter anderem sowohl den Quadrophonie-Mix von Alan Parsons aus dem Jahre 1973 als auch den 5.1-Mix von James Guthrie aus dem Jahre 2003 enthält.

Titelliste

# (LP)*1	# (CD)*2	Titel	Dauer	Musik	Text
A.1 / 1	1	Speak to Me	3:57	Nick Mason	
A.2 / 2		Breathe		Roger Waters, David Gilmour, Richard Wright	Roger Waters
A.3 / 3	2	On the Run	3:31	David Gilmour, Roger Waters, Richard Wright (Synthsequenz auf EMS VCS 3)	
A.4 / 4	3	Time	7:05	Nick Mason, Roger Waters, Richard Wright, David Gilmour	Roger Waters
		Breathe Reprise		Roger Waters, David Gilmour, Richard Wright	Roger Waters
A.5 / 5	4	The Great Gig in the Sky	4:47	Richard Wright*3	
B.1 / 6	5	Money	6:23	Roger Waters	Roger Waters
B.2 / 7	6	Us and Them	7:48	Roger Waters, Richard Wright	Roger Waters
B.3 / 8	7	Any Colour You Like	3:25	David Gilmour, Nick Mason, Richard Wright	
B.4 / 9	8	Brain Damage	3:50	Roger Waters	Roger Waters
B.5 / 10	9	Eclipse	2:06	Roger Waters	Roger Waters

*1 zeigt die Titelfolge, wie sie auf der LP / CD aufgedruckt ist.

*2 zeigt die tatsächlichen CD-Tracks.

*3 2004 erhob die Sängerin Clare Torry, die im Studio den Gesangsteil zu The Great Gig in the Sky improvisiert und dafür eine übliche Studiomusiker-Gage erhalten hatte, gerichtlich den Anspruch auf Tantiemen. Auf der 2006 erschienenen P.U.L.S.E-DVD wird die Urheberschaft erstmals wie folgt akkreditiert: Wright/Vocal composition by Clare Torry.

Es existieren auch Ausgaben der CD (z. B.: Mobile Fidelity Gold-CD), die zehn Tracks aufweisen, da Speak to Me und Breathe auf zwei Tracks (1 und 2) aufgeteilt wurden.

HITS LEBENSHITS HITS

Jetzt hätte ich für Euch ein paar Listen (wieder Wikipedia) mit den Hits aus bestimmten Jahren, mit den jeweiligen Alben des Jahres. 1959 ist natürlich dabei, weil ich da geboren wurde, 1973 ist dabei (siehe Kapitel "1973" in Buch 1), 1977 usw, bis zum Jahr 2016, meinem ersten vollständigen Jahr in my new residence Annweiler am Trifels.

Liste der Nummer-eins-Hits in Deutschland (1959)

Diese Liste enthält alle Nummer-eins-Hits in Deutschland im Jahr 1959. Es gab in diesem Jahr acht Nummer-eins-Singles.

Bis zum Mai 1959 wurden die Charts von der Zeitschrift "Der Automatenmarkt" zusammengestellt, die im Wesentlichen den Einsatz von Musiktiteln an öffentlichen Musikboxen auswertete. Ab Juni 1959 veröffentlichte die Zeitschrift "Musikmarkt" sowohl die Automaten-Charts, die Verkaufscharts sowie eine Liste der bestverkauften Notenblätter, der meistgespielten Rundfunktitel und der von Musikkapellen am häufigsten gespielten Titel. Die "Deutsche Hitparade" fasste mit ihren 20 Plätzen die Ergebnisse der Einzellisten zusammen und erhob Gültigkeit für die Bundesrepublik Deutschland, West-Berlin und Österreich.[1][2]

Singles[3][4]

    Billy Vaughn & Orchestra: La Paloma

        3 Monate (1. November 1958 – 31. Januar 1959)

    Nilsen Brothers – Tom Dooley

        1 Monat (1. Februar – 28. Februar)

    Kingston Trio – Tom Dooley

        1 Monat (1. März – 31. März)

    Freddy – Die Gitarre und das Meer

        4 Monate (1. April – 31. Juli)

    Dalida – Am Tag, als der Regen kam

        2 Monate (1. August – 30. September)

Bill Ramsey – Souvenirs

    1 Monat (1. Oktober – 31. Oktober)

Freddy – Unter fremden Sternen

    1 Monat (1. November – 30. November)

Rocco Granata / Will Brandes: Marina1

    1 Monat (1. Dezember – 31. Dezember)

BRAVO Schlager-Parade 1959

Die Gitarre und das Meer – Freddy Quinn

Tom Dooly – Nilsen Brothers

Sugar Baby – Peter Kraus

My Happyness – Gitta Lind & Christa Williams

Am Tag, als der Regen kam – Dalida

Petite fleur – Chris Barber

Charly Brown – Hans Blum

Nur du, du, du allein – Melitta Berg

Tschau, tschau Bambina – Caterina Valente, Ralf Bendix, Peter Alexander

Das hab' ich in Paris gelernt – Chris Howland

Kitty Cat – Peter Kraus

Marina – Rocco Granata

Morgen – Ivo Robić, Billy Vaughn

La Paloma – Billy Vaughn

Ave Maria no morro – Trio San José

Chico-chico Charly – Heidi Brühl

Unter fremden Sternen – Freddy Quinn

Mr. Music – Conny

Mandolinen und Mondschein – Peter Alexander, Willy Hagara

Patricia – Pérez Prado

Liste der Nummer-eins-Hits in Deutschland (1969)

Diese Liste enthält alle Nummer-eins-Hits in Deutschland im Jahr 1969. Es gab in diesem Jahr 14 Nummer-eins-Singles und neun Nummer-eins-Alben.

Die Beatles erreichten 1969 in den Single-Charts mit vier verschiedenen Titeln die Nummer 1 – ein Chartrekord, der bis heute gilt und nur einmal, im Jahr 1976 von ABBA wiederholt wurde.

Singles Alben

Heintje: Heidschi Bumbeidschi

1 Monat (15. Dezember 1968 – 14. Januar 1969, insgesamt 2 Monate; → 1968)

Barry Ryan: Eloise

1½ Monate (15. Januar – 28. Februar)

The Beatles: Ob-La-Di, Ob-La-Da

1 Monat (1. März – 31. März)

Peter Alexander: Liebesleid

1 Monat (1. April – 30. April)

Heintje: Ich sing ein Lied für Dich

1 Monat (1. Mai – 31. Mai)

The Beatles & Billy Preston: Get Back

½ Monat (1. Juni – 14. Juni)

Roy Black: Das Mädchen Carina

½ Monat (15. Juni – 30. Juni)

Desmond Dekker: The Israelites

½ Monat (1. Juli – 14. Juli)

The Beatles: The Ballad of John and Yoko

½ Monat (15. Juli – 31. Juli)

Edwin Hawkins Singers: Oh Happy Day

1 Monat (1. August – 30. August)

Elvis Presley: In the Ghetto

½ Monat (1. September – 14. September)

Zager & Evans: In the Year 2525 (Exordium & Terminus)

1½ Monate (15. September – 31. Oktober)

The Archies: Sugar, Sugar

1 Monat (1. November – 30. November, insgesamt 1½ Monate)

The Beatles: Come Together / Something

½ Monat (1. Dezember – 14. Dezember)

The Archies: Sugar, Sugar

½ Monat (15. Dezember – 31. Dezember, insgesamt 1½ Monate)

Heintje - Heintje

8 Monate (15. Juni 1968 – 14. Februar 1969, insgesamt 9 Monate)

The Beatles - The Beatles (White Album)

2 Monate (15. Februar – 14. April)

Karel Gott - Die goldene Stimme aus Prag

1 Monat (15. April – 14. Mai)

Heintje - Heintje

   1 Monat (15. Mai – 14. Juni, insgesamt 36 Wochen)

James Last - Non Stop Dancing 8

   2 Monate (15. Juni – 14. August)

Udo Jürgens - Udo Live

   1 Monat (15. August – 14. September)

Hair (Soundtrack)

   1 Monat (15. September – 14. Oktober)

Heintje - Ich sing ein Lied für Dich

   1 Monat (15. Oktober – 14. November)

The Beatles - Abbey Road

   1 Monat (15. November – 14. Dezember, insgesamt 2 Monate; → 1970)

James Last - Non Stop Dancing 9

   1 Monat (15. Dezember 1969 – 14. Januar 1970, insgesamt 3 Monate)

Jahreshitparade

   Michael Holm: Mendocino

   Christian Anders: Geh nicht vorbei

   The Archies: Sugar Sugar

   Barry Ryan: Eloise

   Jane Birkin & Serge Gainsbourg: Je t'aime … moi non plus

   Adamo: Es geht eine Träne auf Reisen

   Shocking Blue: Venus

   Roy Black: Das Mädchen Carina

   Peter Alexander: Liebesleid

Elvis Presley: In the Ghetto

Udo Jürgens: Anuschka

Sir Douglas Quintet: Mendocino

Tommy James & the Shondells: Crimson & Clover

Roy Black: Ich denk' an Dich

Donovan: Atlantis

Zager and Evans: In the Year 2525 (Exordium & Terminus)

Chris Andrews: Pretty Belinda

The Beatles: Ob-La-Di, Ob-La-Da

Edwin Hawkins Singers: Oh Happy Day

Tommy Roe: Dizzy

The Tremeloes: My Little Lady

The Beatles: The Ballad of John and Yoko

Heintje: Scheiden tut so weh

The Rolling Stones: Honky Tonk Women

The Fifth Dimension: Aquarius/Let the Sunshine In

Bee Gees: First of May

The Beatles & Billy Preston: Get Back

Creedence Clearwater Revival: Proud Mary

Barry Ryan: Love Is love

Heintje: Ich sing ein Lied für Dich

Liste der Nummer-eins-Hits in Deutschland (1973)

Diese Liste enthält alle Nummer-eins-Hits in Deutschland im Jahr 1973. Es gab in diesem Jahr elf Nummer-eins-Singles und zehn Nummer-eins-Alben.

Singles Alben

Wums Gesang: Ich wünsch' mir 'ne kleine Miezekatze

    9 Wochen (25. Dezember 1972 – 25. Februar 1973)

The Sweet: Block Buster!

    3 Wochen (26. Februar – 18. März, insgesamt 4 Wochen)

The Les Humphries Singers: Mama Loo

    2 Wochen (19. März – 1. April, insgesamt 3 Wochen)

The Sweet: Block Buster!

    1 Woche (2. April – 8. April, insgesamt 4 Wochen)

The Les Humphries Singers: Mama Loo

    1 Woche (9. April – 15. April, insgesamt 3 Wochen)

Bernd Clüver: Der Junge mit der Mundharmonika

    4 Wochen (16. April – 13. Mai)

Gilbert O'Sullivan: Get Down

    10 Wochen (14. Mai – 22. Juli)

The Sweet: Hell Raiser

    2 Wochen (23. Juli – 5. August)

Demis Roussos: Goodbye, My Love, Goodbye

    1 Woche (6. August – 12. August)

Suzi Quatro: Can the Can

    8 Wochen (13. August – 7. Oktober)

Bernd Clüver: Der kleine Prinz (Ein Engel, der Sehnsucht heißt)

    2 Wochen (8. Oktober – 21. Oktober, insgesamt 4 Wochen)

The Sweet: The Ballroom Blitz

    1 Woche (22. Oktober – 28. Oktober)

Bernd Clüver: Der kleine Prinz (Ein Engel, der Sehnsucht heißt)

1 Woche (29. Oktober – 4. November, insgesamt 4 Wochen)

Lobo: I'd Love You to Want Me

1 Woche (5. November – 11. November, insgesamt 13 Wochen; → 1974)

Bernd Clüver: Der kleine Prinz (Ein Engel, der Sehnsucht heißt)

1 Woche (12. November – 18. November, insgesamt 4 Wochen)

Lobo: I'd Love You to Want Me

7 Wochen (19. November 1973 - 6. Januar 1974, insgesamt 13 Wochen)

Kurt Edelhagen - Olympia Parade

2 Monate (15. November 1972 – 14. Januar 1973)

Reinhard Mey - Mein achtel Lorbeerblatt

1 Monat (15. Januar – 14. Februar, insgesamt 8 Wochen; → 1972)

James Last - Non Stop Dancing 73

1 Monat (15. Februar – 14. März)

Deep Purple - Made in Japan

1 Monat (15. März – 14. April)

James Last - Sing mit

2 Monate (15. April – 14. Juni)

The Les Humphries Singers - Mama Loo

1 Monat (15. Juni – 14. Juli)

James Last - Non Stop Dancing 73/2

2 Monate (15. Juli – 14. September)

Otto - Otto 1

1 Monat (15. September – 14. Oktober)

Verschiedene Interpreten - Stars und Hits für das Rote Kreuz 73/74

2 Monate (15. Oktober – 14. Dezember)

Demis Roussos - Forever and Ever

1 Monat (15. Dezember 1973 – 14. Januar 1974)

Liste der Nummer-eins-Hits in den USA (1973)

Dies ist eine Liste der Nummer-eins-Hits in den von Billboard ermittelten Charts in den USA (Hot 100) im Jahr 1973. In diesem Jahr gab es siebenundzwanzig Nummer-eins-Singles.

← 1972   Vereinigte Staaten Liste der Nummer-eins-Hits in den USA   1974 →

Zeitraum	Wo. ges.		Interpret	Titel
Autor(en)	Zusätzliche Informationen			
30. Dezember 1972 – 5. Januar 1973				
1 Woche	3		Billy Paul	Me and Mrs. Jones[1]
Kenny Gamble, Leon Huff, Cary Gilbert	-			
6. Januar 1973 – 26. Januar 1973				
3 Wochen	3		Carly Simon	You're So Vain[2]
Carly Simon	-			
27. Januar 1973 – 2. Februar 1973				
1 Woche	1		Stevie Wonder	Superstition[3]
Stevie Wonder	-			
3. Februar 1973 – 23. Februar 1973				
3 Wochen	3		Elton John	Crocodile Rock[4]
Elton John, Bernie Taupin	-			
24. Februar 1973 – 23. März 1973				
4 Wochen	4		Roberta Flack	Killing Me Softly with His Song[5]

Charles Fox, Norman Gimbel -

24. März 1973 – 30. März 1973

1 Woche	1	The O'Jays	Love Train[6]

Kenny Gamble, Leon Huff -

31. März 1973 – 6. April 1973

1 Woche	9	Roberta Flack	Killing Me Softly with His Song

Charles Fox, Norman Gimbel -

7. April 1973 – 20. April 1973

2 Wochen	1	Vicki Lawrence	The Night the Lights Went out in Georgia[7]

Bobby Russell -

21. April 1973 – 18. Mai 1973

4 Wochen	4	Dawn feat. Tony Orlando	Tie a Yellow Ribbon Round the Ole Oak Tree[8]

Irwin Levine, L. Russell Brown -

19. Mai 1973 – 25. Mai 1973

1 Woche	1	Stevie Wonder	You Are the Sunshine of My Life[9]

Stevie Wonder -

26. Mai 1973 – 1. Juni 1973

1 Woche	1	The Edgar Winter Group	Frankenstein[10]

Edgar Winter -

2. Juni 1973 – 29. Juni 1973

4 Wochen	4	Paul McCartney & Wings	My Love[11]

Paul McCartney	-

30. Juni 1973 – 6. Juli 1973

1 Woche	1	George Harrison	Give Me Love (Give Me Peace on Earth)[12]

George Harrison	-

7. Juli 1973 – 20. Juli 1973

2 Wochen	2	Billy Preston	Will It Go Round in Circles[13]

Billy Preston, Bruce Fisher	-

21. Juli 1973 – 3. August 1973

2 Wochen	2	Jim Croce	Bad, Bad Leroy Brown[14]

Jim Croce	-

4. August 1973 – 17. August 1973

2 Wochen	2	Maureen McGovern	The Morning After[15]

Al Kasha, Joel Hirschhorn	-

18. August 1973 – 24. August 1973

1 Woche	1	Diana Ross	Touch Me in the Morning[16]

Michael Masser, Ron Miller	-

25. August 1973 – 7. September 1973

2 Wochen	2	Stories	Brother Louie[17]

Errol Brown, Tony Wilson	-

8. September 1973 – 14. September 1973

1 Woche	1	Marvin Gaye	Let's Get It On[18]

Ed Townsend	-

15. September 1973 – 21. September 1973

1 Woche	1	Helen Reddy	Delta Dawn[19]

Larry Collins, Alex Harvey	-

22. September 1973 – 28. September 1973

1 Woche	2	Marvin Gaye	Let's Get It On

Ed Townsend	-

29. September 1973 – 5. Oktober 1973

1 Woche	1	Grand Funk	We're an American Band[20]

Don Brewer	-

6. Oktober 1973 – 19. Oktober 1973

2 Wochen 2 Cher Half-Breed[21]

Al Capps, Mary Dean -

20. Oktober 1973 – 26. Oktober 1973

1 Woche 1 The Rolling Stones Angie[22]

Mick Jagger, Keith Richards -

27. Oktober 1973 – 9. November 1973

2 Wochen 2 Gladys Knight & The Pips Midnight Train to Georgia[23]

Jim Weatherly -

10. November 1973 – 23. November 1973

2 Wochen 2 Eddie Kendricks Keep on Truckin'[24]

Frank Wilson, Anita Poree, Leonard Caston -

24. November 1973 – 30. November 1973

1 Woche 2 Ringo Starr Photograph[25]

George Harrison, Richard Starkey -

1. Dezember 1973 – 14. Dezember 1973

2 Wochen 2 The Carpenters Top of the World[26]

Richard Carpenter, John Bettis -

15. Dezember 1973 – 28. Dezember 1973

2 Wochen 2 Charlie Rich The Most Beautiful Girl[27]

Billy Sherrill, Norro Wilson, Rory Bourke

Liste der Nummer-eins-Hits in Deutschland (1977)

Diese Liste enthält alle Nummer-eins-Hits in Deutschland im Jahr 1977. Es gab in diesem Jahr 13 Nummer-eins-Singles und acht Nummer-eins-Alben. In diesem Jahr gab es keine deutschsprachigen Spitzenreiter in den Singlecharts. Mit ABBA, Smokie, Baccara und Boney M. hatten vier Gruppen mehrere Nummer 1-Hits in einem kalendarischen Jahr. Lediglich 1968 gab es diese Konstellation schon einmal.[1]

Die am 29. August 1977 editierten Singlecharts Listen sind die ersten der Firma Media Control.

Singles Alben

ABBA: Money, Money, Money

5 Wochen (20. Dezember 1976 – 23. Januar 1977)

Boney M.: Sunny

2 Wochen (24. Januar – 6. Februar)

Smokie: Living Next Door to Alice

9 Wochen (7. Februar – 10. April)

ABBA: Knowing Me, Knowing You

2 Wochen (11. April – 24. April)

Smokie: Lay Back in the Arms of Someone

1 Woche (25. April – 1. Mai, insgesamt 5 Wochen)

Jeanette: Porque te vas

1 Woche (2. Mai – 8. Mai)

Smokie: Lay Back in the Arms of Someone

3 Wochen (9. Mai – 29. Mai, insgesamt 5 Wochen)

Oliver Onions: Orzowei

1 Woche (30. Mai – 5. Juni)

Smokie: Lay Back in the Arms of Someone

1 Woche (6. Juni – 12. Juni, insgesamt 5 Wochen)

Boney M.: Ma Baker

3 Wochen (13. Juni – 3. Juli)

Baccara: Yes Sir, I Can Boogie

8 Wochen (4. Juli – 28. August)

Space: Magic Fly

1 Woche (29. August – 4. September)

Baccara: Sorry, I'm a Lady

7 Wochen (5. September – 23. Oktober)

Boney M.: Belfast

4 Wochen (24. Oktober – 20. November)

Santa Esmeralda feat. Leroy Gomez - Don't Let Me Be Misunderstood

8 Wochen (21. November 1977 – 15. Januar 1978)

Neil Diamond - Beautiful Noise

½ Monat (1. Januar – 14. Januar)

ABBA - Arrival

3 Monate (15. Januar – 14. April, insgesamt 14 Wochen)

Pink Floyd - Animals

½ Monat (15. April – 30. April, insgesamt 4 Wochen)

ABBA - Arrival

½ Monat (1. Mai – 14. Mai, insgesamt 14 Wochen)

Pink Floyd - Animals

½ Monat (15. Mai – 31. Mai, insgesamt 4 Wochen)

Smokie - Greatest Hits

2 Monate (1. Juni – 31. Juli)

Boney M. - Love for Sale

   1½ Monate (1. August – 14. September)

Verschiedene Interpreten (K-tel) - Disco Fever

   2 Monate (15. September – 14. November)

Santa Esmeralda - Santa Esmeralda

   1½ Monate (15. November – 31. Dezember, insgesamt 8 Wochen; → 1978)

Jahressinglecharts 1977

Singles

   Julie Covington - Don't Cry for Me Argentina

   Boney M. - Ma Baker

   Baccara - Yes Sir, I Can Boogie

   Smokie - Living Next Door to Alice

   Frank Zander - Oh, Susi (der zensierte Song)

   Oliver Onions - Orzowei

   Jeanette - Porque te vas

   Bonnie Tyler - Lost in France

   ABBA - Knowing Me, Knowing You

   Space - Magic Fly

Liste der Nummer-eins-Hits in den USA (1977)

Dies ist eine Liste der Nummer-eins-Hits in den von Billboard ermittelten Charts in den USA

(Hot 100) im Jahr 1977. In diesem Jahr gab es neunundzwanzig Nummer-eins-Singles.

← 1976 Vereinigte Staaten Liste der Nummer-eins-Hits in den USA 1978 →

Zeitraum   Wo.

ges.   Interpret   Titel

Autor(en)   Zusätzliche Informationen

1. Januar 1977 – 7. Januar 1977

0 Wochen   8   Rod Stewart   Tonight's the Night (Gonna Be Alright)[1]

Rod Stewart   -

8. Januar 1977 – 14. Januar 1977

1 Woche   1   Marilyn McCoo & Billy Davis Jr.   You Don't Have to Be a Star (To Be in My Show)[2]

James Dean, John Glover   -

15. Januar 1977 – 21. Januar 1977

1 Woche   1   Leo Sayer   You Make Me Feel Like Dancing[3]

Leo Sayer, Vini Poncia   -

22. Januar 1977 – 28. Januar 1977

1 Woche   1   Stevie Wonder   I Wish[4]

Stevie Wonder   -

29. Januar 1977 – 4. Februar 1977

1 Woche   1   Rose Royce   Car Wash[5]

Norman Whitfield   -

5. Februar 1977 – 18. Februar 1977

2 Wochen   2   Mary MacGregor   Torn Between Two Lovers[6]

Peter Yarrow, Phillip Jarrell   -

19. Februar 1977 – 25. Februar 1977

1 Woche   1   Manfred Mann's Earth Band   Blinded By the Light[7]

Bruce Springsteen   -

26. Februar 1977 – 4. März 1977

1 Woche	1	Eagles New Kid in Town[8]

J. D. Souther, Don Henley, Glenn Frey   -

5. März 1977 – 25. März 1977

3 Wochen	3	Barbra Streisand	Love Theme from „A Star Is Born" (Evergreen)[9]

Barbra Streisand, Paul Williams -

26. März 1977 – 8. April 1977

2 Wochen	2	Daryl Hall & John Oates Rich Girl[10]

Daryl Hall	-

9. April 1977 – 15. April 1977

1 Woche	1	ABBA Dancing Queen[11]

Björn Ulvaeus, Benny Andersson, Stig Anderson -

16. April 1977 – 22. April 1977

1 Woche	1	David Soul Don't Give up on Us[12]

Tony Macaulay -

23. April 1977 – 29. April 1977

1 Woche	1	Thelma Houston Don't Leave Me This Way[13]

Kenneth Gamble, Leon A. Huff, Cary Gilbert	-

30. April 1977 – 6. Mai 1977

1 Woche	1	Glen Campbell Southern Nights[14]

Allen Toussaint -

7. Mai 1977 – 13. Mai 1977

1 Woche	1	Eagles Hotel California[15]

Don Felder, Don Henley, Glenn Frey	-

14. Mai 1977 – 20. Mai 1977

1 Woche	1	Leo Sayer When I Need You[16]

Albert Hammond, Carole Bayer Sager -

21. Mai 1977 – 10. Juni 1977

3 Wochen 3 Stevie Wonder Sir Duke[17]

Stevie Wonder -

11. Juni 1977 – 17. Juni 1977

1 Woche 1 KC & The Sunshine Band I'm Your Boogie Man[18]

Harry Wayne Casey, Richard Finch -

18. Juni 1977 – 24. Juni 1977

1 Woche 1 Fleetwood Mac Dreams[19]

Stevie Nicks -

25. Juni 1977 – 1. Juli 1977

1 Woche 1 Marvin Gaye Got to Give It Up[20]

Marvin Gaye -

2. Juli 1977 – 8. Juli 1977

1 Woche 1 Bill Conti Gonna Fly Now (Theme from „Rocky")[21]

Bill Conti, Carol Connors, Ayn Robbins -

9. Juli 1977 – 15. Juli 1977

1 Woche 1 Alan O'Day Undercover Angel[22]

Alan O'Day -

16. Juli 1977 – 22. Juli 1977

1 Woche 1 Shaun Cassidy Da Doo Ron Ron[23]

Jeff Barry, Phil Spector, Ellie Greenwich -

23. Juli 1977 – 29. Juli 1977

1 Woche 1 Barry Manilow Looks Like We Made It[24]

Richard Kerr, Will Jennings -

30. Juli 1977 – 19. August 1977

3 Wochen	3	Andy Gibb	I Just Want to Be Your Everything[25]

Barry Gibb	-

20. August 1977 – 16. September 1977

4 Wochen	4	The Emotions	Best of My Love[26]

Maurice White, Al McKay	-

17. September 1977 – 23. September 1977

1 Woche	4	Andy Gibb	I Just Want to Be Your Everything

Barry Gibb	-

24. September 1977 – 30. September 1977

1 Woche	5	The Emotions	Best of My Love

Maurice White, Al McKay	-

1. Oktober 1977 – 14. Oktober 1977

2 Wochen	2	Meco	Star Wars Theme/Cantina Band[27]

John Williams	-

15. Oktober 1977 – 23. Dezember 1977

10 Wochen	10	Debby Boone	You Light up My Life[28]

Joseph Brooks	-

24. Dezember 1977 – 30. Dezember 1977

1 Woche	1	Bee Gees	How Deep Is Your Love[29]

Barry Gibb, Maurice Gibb, Robin Gibb

Liste der Nummer-eins-Alben in den USA (1977)

Dies ist eine Liste der Nummer-eins-Alben in den von Billboard ermittelten Verkaufscharts in den USA im Jahr 1977. In diesem Jahr gab es sieben Nummer-eins-Alben.

← 1976	Vereinigte Staaten Liste der Nummer-eins-Alben in den USA	1978 →

Zeitraum	Wo.

ges.	Interpret	Titel	Zusätzliche Informationen

1. Januar 1977 – 14. Januar 1977

| 1 Woche | 13 | Stevie Wonder | Songs in the Key of Life[1] | - |

15. Januar 1977 – 21. Januar 1977

| 1 Woche | 1 | Eagles | Hotel California[2] | - |

22. Januar 1977 – 28. Januar 1977

| 1 Woche | 1 | Wings | Wings over America[3] | - |

29. Januar 1977 – 4. Februar 1977

| 1 Woche | 14 | Stevie Wonder | Songs in the Key of Life | - |

5. Februar 1977 – 11. Februar 1977

| 1 Woche | 2 | Eagles | Hotel California | - |

12. Februar 1977 – 25. März 1977

| 6 Wochen | 6 | Barbra Streisand & Kris Kristofferson | A Star is Born[4] | - |

26. März 1977 – 1. April 1977

| 1 Woche | 3 | Eagles | Hotel California | - |

2. April 1977 – 15. April 1977

| 2 Wochen | 2 | Fleetwood Mac | Rumours[5] | - |

16. April 1977 – 20. Mai 1977

| 5 Wochen | 8 | Eagles | Hotel California | - |

21. Mai 1977 – 15. Juli 1977

| 8 Wochen | 10 | Fleetwood Mac | Rumours | - |

16. Juli 1977 – 22. Juli 1977

| 1 Woche | 1 | Barry Manilow | Live[6] | - |

23. Juli 1977 – 2. Dezember 1977

| 19 Wochen | 29 | Fleetwood Mac | Rumours | - |

3. Dezember 1977 – 30. Dezember 1977

4 Wochen | 4 | Linda Ronstadt Simple Dreams[7]

Liste der Nummer-eins-Hits in Deutschland (1982)

Diese Liste enthält alle Nummer-eins-Hits in Deutschland im Jahr 1982. Es gab in diesem Jahr elf Nummer-eins-Singles und 15 Nummer-eins-Alben.

Singles Alben

Gottlieb Wendehals – Polonäse Blankenese

4 Wochen (7. Dezember 1981 – 3. Januar 1982)

ABBA – One of Us

1 Woche (4. Januar – 10. Januar)

Gottlieb Wendehals – Polonäse Blankenese

4 Wochen (11. Januar – 7. Februar, insgesamt 8 Wochen; → 1981)

Spider Murphy Gang – Skandal im Sperrbezirk

1 Woche (8. Februar – 14. Februar, insgesamt 8 Wochen)

Gottlieb Wendehals – Polonäse Blankenese

1 Woche (15. Februar – 21. Februar, insgesamt 9 Wochen)

Spider Murphy Gang – Skandal im Sperrbezirk

7 Wochen (22. Februar – 11. April, insgesamt 8 Wochen)

Falco – Der Kommissar

1 Woche (12. April – 18. April, insgesamt 3 Wochen)

Nicole – Ein bißchen Frieden

1 Woche (19. April – 25. April, insgesamt 5 Wochen)

Falco – Der Kommissar

2 Wochen (26. April – 9. Mai, insgesamt 3 Wochen)

Nicole – Ein bißchen Frieden

    4 Wochen (10. Mai – 6. Juni, insgesamt 5 Wochen)

Paul McCartney & Stevie Wonder – Ebony & Ivory

    5 Wochen (7. Juni – 11. Juli)

OMD (Orchestral Manoeuvres In The Dark) – Maid of Orleans

    3 Wochen (12. Juli – 1. August, insgesamt 4 Wochen)

Markus – Ich will Spaß

    1 Woche (2. August – 8. August, insgesamt 2 Wochen)

OMD – Maid of Orleans

    1 Woche (9. August – 15. August, insgesamt 4 Wochen)

Markus – Ich will Spaß

    1 Woche (16. August – 22. August, insgesamt 2 Wochen)

Andy Borg – Adios amor

    5 Wochen (23. August – 26. September)

F. R. David – Words

    11 Wochen (27. September – 12. Dezember)

Culture Club – Do You Really Want to Hurt Me

    7 Wochen (13. Dezember 1982 – 30. Januar 1983)

ABBA – The Visitors

    5 Wochen (28. Dezember 1981 – 31. Januar 1982)

Royal Philharmonic Orchestra – Classic Disco

    1 Woche (1. Februar – 7. Februar)

Peter Maffay – Ich will leben

1 Woche (8. Februar – 14. Februar, insgesamt 3 Wochen)

Barclay James Harvest – Berlin – A Concert for the People

2 Wochen (15. Februar – 28. Februar)

Peter Maffay – Ich will leben

2 Wochen (1. März – 14. März, insgesamt 3 Wochen)

Spider Murphy Gang – Dolce vita

6 Wochen (15. März – 25. April, insgesamt 8 Wochen)

Michael Schanze – Olé España

2 Wochen (26. April – 9. Mai)

Spider Murphy Gang – Dolce vita

2 Wochen (10. Mai – 23. Mai, insgesamt 8 Wochen)

Spliff – 85555

1 Woche (24. Mai – 30. Mai, insgesamt 3 Wochen)

The Alan Parsons Project – Eye in the Sky

3 Wochen (31. Mai – 20. Juni)

Paul McCartney – Tug of War

2 Wochen (21. Juni – 4. Juli)

Spliff – 85555

2 Wochen (5. Juli – 18. Juli, insgesamt 3 Wochen)

Nicole – Ein bißchen Frieden

6 Wochen (19. Juli – 29. August)

BAP – Für usszeschnigge!

1 Woche (30. August – 5. September)

Steve Miller Band – Abracadabra

1 Woche (6. September – 12. September)

BAP – Vun drinne noh drusse

9 Wochen (13. September – 14. November)

Elton John – Your Songs

3 Wochen (15. November – 5. Dezember)

Peter Hofmann – Rock Classics

5 Wochen (6. Dezember 1982 – 9. Januar 1983)

Jahressinglecharts

Orchestral Manoeuvres in the Dark (OMD) – Maid of Orleans (The Waltz Joan of Arc)

Andy Borg – Adios amor

Spider Murphy Gang – Skandal im Sperrbezirk

Trio – Da Da Da

Nicole – Ein bißchen Frieden

F. R. David – Words

Falco – Der Kommissar

Markus – Ich will Spaß

Joachim Witt – Goldener Reiter

Al Bano & Romina Power – Felicità

Liste der Nummer-eins-Hits in Deutschland (1986)

Diese Liste enthält alle Nummer-eins-Hits in Deutschland im Jahr 1986. Es gab in diesem Jahr 13 Nummer-eins-Singles und neun Nummer-eins-Alben.

Singles Alben

Elton John - Nikita

4 Wochen (16. Dezember 1985 – 12. Januar 1986)

Falco - Jeanny, Part 1

8 Wochen (13. Januar – 9. März)

Modern Talking - Brother Louie

4 Wochen (10. März – 6. April)

Bruce & Bongo - Geil

4 Wochen (7. April – 4. Mai)

Chris Norman - Midnight Lady

6 Wochen (5. Mai – 15. Juni)

Modern Talking - Atlantis Is Calling (S.O.S. for Love)

4 Wochen (16. Juni – 13. Juli)

Level 42 - Lessons in Love

6 Wochen (14. Juli – 24. August)

MC Miker G & Deejay Sven - Holiday Rap

5 Wochen (25. August – 28. September)

Frankie Goes to Hollywood - Rage Hard

2 Wochen (29. September – 12. Oktober)

Europe - The Final Countdown

4 Wochen (13. Oktober – 9. November)

Falco - Coming Home (Jeanny Part 2, ein Jahr danach)

2 Wochen (10. November – 23. November)

Status Quo - In the Army Now

4 Wochen (24. November – 21. Dezember)

The Bangles - Walk Like an Egyptian

4 Wochen (22. Dezember 1986 – 18. Januar 1987)

Jennifer Rush - Movin'

   14 Wochen (11. November 1985 – 16. Februar 1986)

BAP - Ahl Männer, aalglatt

   7 Wochen (17. Februar – 6. April)

Herbert Grönemeyer - Sprünge

   10 Wochen (7. April – 15. Juni)

Modern Talking - Ready for Romance

   5 Wochen (16. Juni – 20. Juli)

Madonna - True Blue

   8 Wochen (21. Juli – 14. September)

Top Gun (Soundtrack)

   2 Wochen (15. September – 28. September)

Tina Turner - Break Every Rule

   6 Wochen (29. September – 9. November, insgesamt 10 Wochen; → 1987)

Falco - Emotional

   2 Wochen (10. November – 23. November)

Peter Maffay - Tabaluga 2

   1 Woche (24. November – 30. November, insgesamt 3 Wochen)

Modern Talking - In the Middle of Nowhere

   1 Woche (1. Dezember – 7. Dezember)

Peter Maffay - Tabaluga 2

   2 Wochen (8. Dezember – 21. Dezember, insgesamt 3 Wochen)

Tina Turner - Break Every Rule

   2 Wochen (22. Dezember 1986 – 4. Januar 1987, insgesamt 10 Wochen)

Liste der Nummer-eins-Hits in den USA (1986)

Dies ist eine Liste der Nummer-eins-Hits in den von Billboard ermittelten Charts in den USA (Hot 100) im Jahr 1986. In diesem Jahr gab es einunddreißig Nummer-eins-Singles.

← 1985   Vereinigte Staaten Liste der Nummer-eins-Hits in den USA   1987 →

Zeitraum	Wo. ges.	Interpret	Titel	Autor(en)	Zusätzliche Informationen
28. Dezember 1985 – 17. Januar 1986	3 Wochen	4	Lionel Richie	Say You, Say Me[1]	Lionel Richie	-
18. Januar 1986 – 14. Februar 1986	4 Wochen	4	Dionne Warwick & Friends feat. Elton John, Gladys Knight & Stevie Wonder	That's What Friends Are For[2]	Burt Bacharach, Carole Bayer Sager	-
15. Februar 1986 – 28. Februar 1986	2 Wochen	2	Whitney Houston	How Will I Know[3]	George Merrill, Shannon Rubicam, Narada Michael Walden	-
1. März 1986 – 14. März 1986	2 Wochen	2	Mr. Mister	Kyrie[4]	Richard Page, Steve George, John Lang	-
15. März 1986 – 21. März 1986	1 Woche	1	Starship	Sara[5]	Peter Wolf, Ina Wolf	-
22. März 1986 – 28. März 1986						

Dauer	Wochen	Interpret	Titel
1 Woche	1	Heart	These Dreams[6]
Bernie Taupin, Martin Page	-		
29. März 1986 – 18. April 1986			
3 Wochen	3	Falco	Rock Me Amadeus[7]
Falco, Bolland & Bolland	-		
19. April 1986 – 2. Mai 1986			
2 Wochen	2	Prince and the Revolution	Kiss[8]
Prince, David Z. Rivkin	-		
3. Mai 1986 – 9. Mai 1986			
1 Woche	1	Robert Palmer	Addicted to Love[9]
Robert Palmer	-		
10. Mai 1986 – 16. Mai 1986			
1 Woche	1	Pet Shop Boys	West End Girls[10]
Neil Tennant, Chris Lowe	-		
17. Mai 1986 – 6. Juni 1986			
3 Wochen	3	Whitney Houston	Greatest Love of All[11]
Michael Masser, Linda Creed	-		
7. Juni 1986 – 13. Juni 1986			
1 Woche	1	Madonna	Live to Tell[12]
Madonna, Patrick Leonard	-		
14. Juni 1986 – 4. Juli 1986			
3 Wochen	3	Patti LaBelle & Michael McDonald	On My Own[13]
Burt Bacharach, Carole Bayer Sager	-		
5. Juli 1986 – 11. Juli 1986			
1 Woche	1	Billy Ocean	There'll Be Sad Songs (To Make You Cry)[14]
Billy Ocean, Wayne Brathwaite, Barry Eastmond	-		

12. Juli 1986 – 18. Juli 1986

1 Woche	1	Simply Red	Holding Back the Years[15]

Mick Hucknall, Neil Moss	-

19. Juli 1986 – 25. Juli 1986

1 Woche	1	Genesis	Invisible Touch[16]

Phil Collins, Mike Rutherford, Tony Banks	-

26. Juli 1986 – 1. August 1986

1 Woche	1	Peter Gabriel	Sledgehammer[17]

Peter Gabriel	-

2. August 1986 – 15. August 1986

2 Wochen	2	Peter Cetera	Glory of Love[18]

Peter Cetera, David Foster, Diane Nini	-

16. August 1986 – 29. August 1986

2 Wochen	1	Madonna	Papa Don't Preach[19]

Madonna, Stephen Bray	-

30. August 1986 – 5. September 1986

1 Woche	1	Steve Winwood	Higher Love[20]

Steve Winwood, Will Jennings	-

6. September 1986 – 12. September 1986

1 Woche	1	Bananarama	Venus[21]

Robbie van Leeuwen	-

13. September 1986 – 19. September 1986

1 Woche	1	Berlin	Take My Breath Away[22]

Giorgio Moroder, Tom Whitlock	-

20. September 1986 – 10. Oktober 1986

3 Wochen	3	Huey Lewis & the News	Stuck with You[23]

Huey Lewis, Chris Hayes -

11. Oktober 1986 – 24. Oktober 1986

2 Wochen   2   Janet Jackson   When I Think of You[24]

Jimmy Jam, Terry Lewis, Janet Jackson -

25. Oktober 1986 – 7. November 1986

2 Wochen   2   Cyndi Lauper   True Colors[25]

Tom Kelly, Billy Steinberg -

8. November 1986 – 21. November 1986

2 Wochen   2   Boston Amanda[26]

Tom Scholz -

22. November 1986 – 28. November 1986

1 Woche   2   The Human League   Human[27]

Jimmy Jam, Terry Lewis -

29. November 1986 – 5. Dezember 1986

1 Woche   1   Bon Jovi   You Give Love a Bad Name[28]

Jon Bon Jovi, Richie Sambora, Desmond Child -

6. Dezember 1986 – 12. Dezember 1986

1 Woche   1   Peter Cetera & Amy Grant   The Next Time I Fall[29]

Bobby Caldwell, Paul Gordon -

13. Dezember 1986 – 19. Dezember 1986

1 Woche   1   Bruce Hornsby & The Range   The Way It Is[30]

Bruce Hornsby -

20. Dezember 1986 – 26. Dezember 1986

1 Woche   1   The Bangles   Walk Like an Egyptian[31]

Liam Sternberg

Liste der Nummer-eins-Hits in Deutschland (1993)

Diese Liste enthält alle Nummer-eins-Hits in Deutschland im Jahr 1993. Es gab in diesem Jahr neun Nummer-eins-Singles und elf Nummer-eins-Alben. In diesem Jahr gab es wie im Jahr zuvor keinen deutschsprachigen Spitzenreiter. Größter Hit wurde Haddaways „What Is Love ", obwohl der Titel in den Charts nie Platz eins erreichen konnte, allerdings zehnmal den zweiten Platz belegte.

Die Single- und Albumcharts wurden von Media Control wöchentlich zusammengestellt und umfassten jeweils 100 Positionen. Sie spiegeln den Verkauf physischer Tonträger (Vinyl und CD) wider. Zur Ermittlung der Plätze 51 bis 100 wurde auch der Radio-Einsatz der Titel herangezogen. Ausgewertet wurden die Verkäufe innerhalb einer Woche (Montag bis Samstag). Die offizielle Veröffentlichung und Datierung der Charts erfolgte am Montag drei Wochen nach Ende des Erhebungszeitraumes.

Singles Alben

Captain Hollywood Project: More and More

4 Wochen (21. Dezember 1992 – 17. Januar 1993)

Charles & Eddie: Would I Lie to You

1 Woche (18. Januar – 24. Januar)

Whitney Houston: I Will Always Love You

6 Wochen (25. Januar – 7. März)

Ace of Base: All That She Wants

8 Wochen (8. März – 2. Mai)

Snow: Informer

7 Wochen (3. Mai – 20. Juni)

Culture Beat: Mr. Vain

9 Wochen (21. Juni – 22. August)

4 Non Blondes: What's Up

10 Wochen (23. August – 31. Oktober)

Pet Shop Boys: Go West

3 Wochen (1. November – 21. November)

Meat Loaf: I'd Do Anything for Love (But I Won't Do That)

9 Wochen (22. November 1993 – 23. Januar 1994)

ABBA - ABBA Gold – Greatest Hits

11 Wochen (2. November 1992 – 17. Januar 1993)

The Bodyguard (Soundtrack)

11 Wochen (18. Januar – 4. April)

Depeche Mode - Songs of Faith and Devotion

6 Wochen (5. April – 16. Mai)

Ace of Base - Happy Nation

2 Wochen (17. Mai – 30. Mai, insgesamt 3 Wochen)

Die Toten Hosen - Kauf MICH!

1 Woche (31. Mai – 6. Juni)

Herbert Grönemeyer - Chaos

6 Wochen (7. Juni – 18. Juli)

U2 - Zooropa

1 Woche (19. Juli – 25. Juli, insgesamt 3 Wochen)

Ace of Base - Happy Nation

1 Woche (26. Juli – 1. August, insgesamt 3 Wochen)

U2 - Zooropa

2 Wochen (2. August – 15. August, insgesamt 3 Wochen)

4 Non Blondes - Bigger, Better, Faster, More!

- 10 Wochen (16. August – 24. Oktober)

Pet Shop Boys - Very

- 4 Wochen (25. Oktober – 21. November)

Meat Loaf - Bat out of Hell II: Back Into Hell

- 2 Wochen (22. November – 5. Dezember)

Phil Collins - Both Sides

- 8 Wochen (6. Dezember 1993 – 30. Januar 1994)

Liste der Nummer-eins-Hits in Deutschland (1998)

Diese Liste enthält alle Nummer-eins-Hits in Deutschland im Jahr 1998. Es gab in diesem Jahr zehn Nummer-eins-Singles und 18 Nummer-eins-Alben.

Die Single- und Albumcharts wurden von Media Control wöchentlich zusammengestellt. Sie berücksichtigten die Verkäufe von Montag bis Samstag einer Woche. Offizieller Veröffentlichungstermin war jeweils der Montag zehn Tage nach dem Ende des Wertungszeitraumes.

Singles Alben

Run DMC vs. Jason Nevins: It's Like That

- 6 Wochen (22. Dezember 1997 – 1. Februar 1998)

Céline Dion: My Heart Will Go On

- 13 Wochen (2. Februar – 3. Mai)

Die Ärzte: Ein Schwein namens Männer

- 8 Wochen (4. Mai – 28. Juni)

Ricky Martin: La copa de la vida / The Cup of Life

4 Wochen (29. Juni – 26. Juli)

Pras Michel feat. ODB & introducing Mýa: Ghetto Supastar (That Is What You Are)

1 Woche (27. Juli – 2. August)

Loona: Bailando

6 Wochen (3. August – 13. September)

Aerosmith: I Don't Want to Miss a Thing

4 Wochen (14. September – 11. Oktober)

Oli.P: Flugzeuge im Bauch

7 Wochen (12. Oktober – 29. November)

Cher: Believe

4 Wochen (30. November – 27. Dezember)

Loona: Hijo de la luna

3 Wochen (28. Dezember 1998 – 17. Januar 1999)

Céline Dion – Let's Talk About Love

6 Wochen (22. Dezember 1997 – 1. Februar 1998)

Pur – Mächtig viel Theater

2 Wochen (2. Februar – 15. Februar)

Titanic (Soundtrack)

4 Wochen (16. Februar – 15. März)

Madonna – Ray of Light

4 Wochen (16. März – 12. April, insgesamt 6 Wochen; → 1999)

Modern Talking – Back for Good

3 Wochen (13. April – 3. Mai, insgesamt 5 Wochen)

Herbert Grönemeyer – Bleibt alles anders

   2 Wochen (4. Mai – 17. Mai)

Modern Talking – Back for Good

   2 Wochen (18. Mai – 31. Mai, insgesamt 5 Wochen)

Simply Red – Blue

   1 Woche (1. Juni – 7. Juni)

Die Ärzte – 13

   6 Wochen (8. Juni – 19. Juli)

Beastie Boys – Hello Nasty

   3 Wochen (20. Juli – 9. August)

Stadt der Engel (Soundtrack)

   3 Wochen (10. August – 30. August)

Westernhagen – Radio Maria

   3 Wochen (31. August – 20. September, insgesamt 8 Wochen)

Böhse Onkelz – Viva los tioz

   1 Woche (21. September – 27. September)

Westernhagen – Radio Maria

   2 Wochen (28. September – 11. Oktober, insgesamt 8 Wochen)

Depeche Mode – Singles 86–98

   1 Woche (12. Oktober – 18. Oktober)

Wolfgang Petry – Einfach geil

   3 Wochen (19. Oktober – 8. November)

R.E.M. – Up

   1 Woche (9. November – 15. November)

Alanis Morissette – Supposed Former Infatuation Junkie

   1 Woche (16. November – 22. November)

U2 – The Best of 1980–1990

2 Wochen (23. November – 6. Dezember, insgesamt 3 Wochen)

Metallica – Garage Inc.

1 Woche (7. Dezember – 13. Dezember)

U2 – The Best of 1980–1990

1 Woche (14. Dezember – 20. Dezember, insgesamt 3 Wochen)

Westernhagen – Radio Maria

3 Wochen (21. Dezember 1998 – 10. Januar 1999)

Liste der Nummer-eins-Hits in Deutschland (2005)

Diese Liste enthält alle Nummer-eins-Hits in Deutschland im Jahr 2005. Es gab in diesem Jahr 15 Nummer-eins-Singles und 31 Nummer-eins-Alben.

Die Single- und Albumcharts werden von Media Control wöchentlich zusammengestellt. Sie berücksichtigen sowohl online Download-Käufe als auch den Verkauf physischer Tonträger (CDs).

Seit Oktober 2005 werden die Charts über die sogenannte Chartwoche erhoben, d.h. von Freitag bis Donnerstag. Dies entspricht den Bestrebungen des Handels, Neuerscheinungen am Freitag, also zu Beginn des umsatzstarken Wochenendes zu veröffentlichen. Ab der Ausgabe vom 4. November 2005 wurden die Charts offiziell jeweils am zweiten Freitag nach dem Auswertungszeitraum veröffentlicht. Zuvor waren die Charts jeweils auf Montag datiert.

Singles Alben

Nu Pagadi – Sweetest Poison

1 Woche (27. Dezember 2004 – 2. Januar 2005)

Schnappi, das kleine Krokodil – Schnappi

   10 Wochen (3. Januar – 13. März 2005)

Nena – Liebe ist

   1 Woche (14. März – 20. März, insgesamt 2 Wochen)

Sarah Connor – From Zero to Hero

   1 Woche (21. März – 27. März, insgesamt 3 Wochen)

Nena – Liebe ist

   1 Woche (28. März – 3. April, insgesamt 2 Wochen)

Sarah Connor – From Zero to Hero

   2 Wochen (4. April – 17. April, insgesamt 3 Wochen)

Mario – Let Me Love You

   1 Woche (18. April – 24. April)

50 Cent feat. Olivia – Candy Shop

   3 Wochen (25. April – 15. Mai)

Ch!pz – Cowboy

   2 Wochen (16. Mai – 29. Mai)

Akon – Lonely

   8 Wochen (30. Mai – 24. Juli)

US5 – Maria

   4 Wochen (25. Juli – 21. August)

Juanes – La camisa negra

   1 Woche (22. August – 28. August)

Tokio Hotel – Durch den Monsun

   5 Wochen (29. August – 2. Oktober)

Pussycat Dolls feat. Busta Rhymes – Don't Cha

   2 Wochen (3. Oktober – 16. Oktober)

Robbie Williams – Tripping

   3 Wochen (17. Oktober – 3. November)

Melanie C – First Day of My Life

   2 Wochen (4. November – 17. November)

Madonna – Hung Up

   9 Wochen (18. November 2005 – 19. Januar 2006)

Robbie Williams – Greatest Hits

   5 Wochen (13. Dezember 2004 – 16. Januar 2005, insgesamt 9 Wochen; → 2004)

Nu Pagadi – Your Dark Side

   1 Woche (17. Januar – 23. Januar)

Max Mutzke – Max Mutzke

   1 Woche (24. Januar – 30. Januar)

Söhne Mannheims – Noiz

   2 Wochen (31. Januar – 13. Februar, insgesamt 4 Wochen)

Peter Maffay – Laut & leise

   3 Wochen (14. Februar – 6. März)

Westernhagen – Nahaufnahme

   2 Wochen (7. März – 20. März)

50 Cent – The Massacre

   1 Woche (21. März – 27. März)

Yvonne Catterfeld – Unterwegs

   1 Woche (28. März – 3. April)

Sarah Connor – Naughty but Nice

1 Woche (4. April – 10. April)

Farin Urlaub – Am Ende der Sonne

1 Woche (11. April – 17. April)

Wir sind Helden – Von hier an blind

1 Woche (18. April – 24. April, insgesamt 3 Wochen)

Böhse Onkelz – Live in Hamburg

1 Woche (25. April – 1. Mai)

Wir sind Helden – Von hier an blind

1 Woche (2. Mai – 8. Mai, insgesamt 3 Wochen)

Bruce Springsteen – Devils & Dust

2 Wochen (9. Mai – 22. Mai)

Wir sind Helden – Von hier an blind

1 Woche (23. Mai – 29. Mai, insgesamt 3 Wochen)

System of a Down – Mezmerize

2 Wochen (30. Mai – 12. Juni)

The Black Eyed Peas – Monkey Business

1 Woche (13. Juni – 19. Juni)

Coldplay – X&Y

1 Woche (20. Juni – 26. Juni, insgesamt 4 Wochen)

Backstreet Boys – Never Gone

1 Woche (27. Juni – 3. Juli)

Böhse Onkelz – La Ultima / Live in Berlin [DVD]

1 Woche (4. Juli – 10. Juli)

Coldplay – X&Y

3 Wochen (11. Juli – 31. Juli, insgesamt 4 Wochen)

Shakira – Fijación oral vol. 1

1 Woche (1. August – 7. August)

Söhne Mannheims – Power of the Sound

1 Woche (8. August – 14. August, insgesamt 2 Wochen)

Banaroo – Banaroo's World

1 Woche (15. August – 21. August)

Söhne Mannheims – Power of the Sound

1 Woche (22. August – 28. August, insgesamt 2 Wochen)

Juanes – Mi sangre

3 Wochen (29. August – 18. September)

The Rolling Stones – A Bigger Bang

2 Wochen (19. September – 2. Oktober)

Bon Jovi – Have a Nice Day

3 Wochen (3. Oktober – 23. Oktober)

Tokio Hotel – Schrei

1 Woche (24. Oktober – 30. Oktober, insgesamt 2 Wochen; → 2006)

Depeche Mode – Playing the Angel

1 Woche (31. Oktober – 3. November)

Robbie Williams – Intensive Care

1 Woche (4. November – 10. November, insgesamt 4 Wochen)

Rammstein – Rosenrot

1 Woche (11. November – 17. November)

Robbie Williams – Intensive Care

1 Woche (18. November – 24. November, insgesamt 4 Wochen)

Madonna – Confessions on a Dance Floor

2 Wochen (25. November – 8. Dezember)

Xavier Naidoo – Telegramm für X

3 Wochen (9. Dezember – 29. Dezember)

Robbie Williams – Intensive Care

2 Wochen (30. Dezember 2005 – 12. Januar 2006, insgesamt 4 Wochen)

Liste der Nummer-eins-Hits in Deutschland (2016)

Dies ist eine Liste der Nummer-eins-Hits in Deutschland im Jahr 2016. Die Single- und Albumcharts werden von GfK Entertainment wöchentlich zusammengestellt. Sie berücksichtigen den Verkauf von Tonträgern und Downloads sowie bezahltes Streaming (bei den Alben erst ab der Ausgabe vom 5. Februar[1]).

Singles • Alben • Jahreshitparaden • Seitenende

Singles

← 2015   Deutschland Liste der Nummer-eins-Hits in Deutschland   2017 →

Zeitraum   Wo.

ges.   Interpret   Titel

Autor(en)   Zusätzliche Informationen

30. Oktober 2015 – 14. Januar 2016

11 Wochen   11   Adele   Hello

Adele Adkins, Greg Kurstin   Mit elf Wochen auf der Nummer 1 ist Hello die erfolgreichste Single seit 2010.

15. Januar 2016 – 21. Januar 2016

1 Woche   1   Matt Simons   Catch & Release (Deepend Remix)

Matt Simons, Erik Mattiasson   Im Vorjahr waren bereits zwei belgische Produktionen von Lost Frequencies auf Platz eins gewesen. Das belgische DJ-Duo Deepend hatte mit diesem Remix zuvor in seiner Heimat an der Chartspitze gestanden. Matt Simons selbst stammt aus den USA.

22. Januar 2016 – 11. Februar 2016

3 Wochen   3   Eff   Stimme

Felix Jaehn, Mark Forster   Für Produzent Felix Jaehn ist es der dritte Nummer-eins-Hit innerhalb eines Jahres, Sänger Mark Forster steht zum ersten Mal an der Spitze, nachdem er 2014 mit Au revoir drei Wochen auf Platz zwei gestanden hatte.

12. Februar 2016 – 21. April 2016

10 Wochen   10   Alan Walker   Faded

Alan Walker, Jesper Borgen, Anders Frøen, Gunnar Greve Pettersen   Die Vocal-Versions seines früheren Songs Fade ist für Alan Walker der erste Chart-Erfolg in den deutschsprachigen Staaten und der erste Nr.1-Hit aus Norwegen seit 2009. Mit zehn Wochen an der Spitze ist es der erfolgreichste Nr.1-Hit aus dem skandinavischen Land überhaupt.[2]

22. April 2016 – 5. Mai 2016

2 Wochen   2   Sia feat. Sean Paul   Cheap Thrills

Sia Furler, Greg Kurstin, Sean Paul Henriques   Mit der zweiten Singleauskopplung aus ihrem siebten Studioalbum, das nur aus Songs besteht, die Sia eigentlich für andere Künstler geschrieben hatte, erreicht die australische Sängerin das erste Mal den ersten Platz in den deutschen Charts.

6. Mai 2016 – 12. Mai 2016

1 Woche   1   Drake feat. WizKid & Kyla   One Dance

Aubrey Drake Graham, Paul Jefferies, Noah Shebib, Logan Sama, Ayodeji Ibrahim Balogun, Themba Sekowe, Kyla Reid, Errol Reid, Luke Reid   Fünf Jahre nachdem Drake erstmals in den deutschen Charts auftauchte erreicht er nun Platz 1. Mit WizKid erreicht das erste Mal in der Chartgeschichte ein in Nigeria lebender Künstler die Nr. 1 in Deutschland.[3]

13. Mai 2016 – 19. Mai 2016

1 Woche   1   Prince Damien Glücksmoment

Dieter Bohlen   Der Siegertitel der dreizehnten Staffel von Deutschland sucht den Superstar setzte sich souverän an die Spitze der Charts. Lediglich die Siegertitel von Elli Erl und Severino Seeger konnten nicht die Nummer eins der Single-Charts erreichen.

20. Mai 2016 – 9. Juni 2016

3 Wochen   3   Justin Timberlake   Can't Stop the Feeling!

Justin Timberlake, Max Martin, Karl Johan Schuster   Justin Timberlake erreichte mit der Single zehn Jahre nach seinem ersten Nummer-1-Hit SexyBack zum zweiten Mal die Spitze der deutschen Singlecharts. Angeschoben wurde der Erfolg durch seinen Pausenauftritt beim Eurovision Song Contest 2016 am 14. Mai mit diesem Lied.

10. Juni 2016 – 16. Juni 2016

1 Woche   3   Kungs vs. Cookin' on 3 Burners   This Girl

Lance Ferguson, Ivan Khatchoyan, Jake Mason   –

17. Juni 2016 – 23. Juni 2016

1 Woche   1   David Guetta feat. Zara Larsson This One's for You

David Guetta, Giorgio Tuinfort, Nick van de Wall, Ester Dean, Thomas Troelsen   Der offizielle Song der Fußballeuropameisterschaft 2016 erreicht in Deutschland eine Woche nach Beginn der EM Platz 1 der Charts. Für Zara Larsson ist This One's For You der erste Nummer-eins-Hit in Deutschland. Für David Guetta ist es bereits der vierte Nummer-eins-Hit in Deutschland.

24. Juni 2016 – 7. Juli 2016

2 Wochen   3   Kungs vs. Cookin' on 3 Burners   This Girl

Lance Ferguson, Ivan Khatchoyan, Jake Mason   –

8. Juli 2016 – 15. September 2016

10 Wochen   10   Imany   Don't Be So Shy (Filatov & Karas Remix)

Nadia Mladjao, Stéfane Goldman   Mit Don't Be So Shy steht zum 30. Mal ein Hit aus Frankreich an der Spitze der deutschen Charts. Erstmals in der deutschen Chartgeschichte belegten drei Acts aus Frankreich hintereinander die Nr. 1. Filatov & Karas sind nach t.A.T.u. erst der zweite Act aus Russland, der die Spitze der deutschen Charts erreicht.[4]

16. September 2016 – 29. September 2016

2 Wochen   2   DJ Snake feat. Justin Bieber   Let Me Love You

William Grigahcine, Justin Bieber, Andrew Watt, Ali Tamposi, Brian Lee, Louis Bell   Mit Let Me Love You erreichten sowohl DJ Snake als auch Justin Bieber erstmals in ihrer Karriere die Spitze der deutschen Single-Charts. Zugleich führte DJ Snake die Serie der Franzosen auf Platz eins der Charts fort und bildet Nummer vier am Stück.

30. September 2016 – 15. Dezember 2016

11 Wochen   12   Rag 'n' Bone Man   Human

Jamie Hartman, Rory Graham   –

16. Dezember 2016 – 22. Dezember 2016

1 Woche   3   Clean Bandit feat. Sean Paul & Anne-Marie   Rockabye

Jack Patterson, Steve Mac, Ammar Malik, Ina Wroldsen, Sean Paul Henriques   Nachdem die britische Elektropopband 2014 zusammen mit Jess Glynne und dem Lied Rather Be das erste Mal den ersten Platz der deutschen Single-Charts erreicht hatte, landet sie zusammen mit Sean Paul und Anne-Marie und dem Lied Rockabye zum zweiten Mal auf Platz eins. Für Sean Paul ist es nach Cheap Thrills mit Sia bereits der zweite Nummer-eins-Hit in diesem Jahr.

23. Dezember 2016 – 29. Dezember 2016

1 Woche   12   Rag 'n' Bone Man   Human

Jamie Hartman, Rory Graham   –

30. Dezember 2016 – 12. Januar 2017

2 Wochen   3   Clean Bandit feat. Sean Paul & Anne-Marie   Rockabye

Jack Patterson, Steve Mac, Ammar Malik, Ina Wroldsen, Sean Paul Henriques   –

← 2015   2017 →

Alben

← 2015   Deutschland Liste der Nummer-eins-Hits in Deutschland   2017 →

Zeitraum   Wo.

ges.   Interpret   Titel   Zusätzliche Informationen

1. Januar 2016 – 14. Januar 2016

1 Woche   3   Adele   25   –

15. Januar 2016 – 21. Januar 2016

1 Woche   1   David Bowie   Blackstar   Nur wenige Tage nach Veröffentlichung dieses letzten Studioalbums starb David Bowie am 10. Januar. Mit dem Vorgängeralbum The Next Day hatte er 2013 zum ersten Mal auf Platz eins in Deutschland gestanden.

22. Januar 2016 – 28. Januar 2016

1 Woche   1   Azad   Leben II   Mit seinem neunten Soloalbum schafft es der Rapper erstmals auf Platz 1.

29. Januar 2016 – 4. Februar 2016

1 Woche   1   Summer Cem   Cemesis   Mit seinem fünften Soloalbum schafft es der Rapper erstmals auf Platz 1.

5. Februar 2016 – 11. Februar 2016

1 Woche 1 SSIO 0,9 Seit dieser Woche werden erstmals auch Streaming-Dienste ausgewertet und damit Teil der Offiziellen Deutschen Album-Charts. Für die Single-Charts ist dies bereits seit 2014 der Fall. Für Alles oder Nix Records ist 0,9 das zweite Nummer-eins-Album, für den Rapper SSIO das erste.

12. Februar 2016 – 18. Februar 2016

1 Woche 1 Prinz Pi Im Westen nix Neues Für den deutschen Rapper ist es nach Kompass ohne Norden und pp=mc² das dritte Nummer-eins-Album in Folge.

19. Februar 2016 – 25. Februar 2016

1 Woche 1 Bosse Engtanz Engtanz ist das erste Nummer-eins-Album des Solokünstlers Bosse.

26. Februar 2016 – 3. März 2016

1 Woche 1 Fantasy Freudensprünge Nach dem Album Eine Nacht im Paradies ist Freudensprünge das zweite Nummer-eins-Album des deutschen Schlager-Duos.

4. März 2016 – 10. März 2016

1 Woche 1 Schiller Future Future ist das vierte Nummer-eins-Album des Musikprojektes.

11. März 2016 – 24. März 2016

2 Wochen 2 Peter Plate, Ulf Leo Sommer und Daniel Faust Bibi & Tina: Mädchen gegen Jungs (Soundtrack) Der Soundtrack zum Film Bibi & Tina: Mädchen gegen Jungs ist die erste Nummer-eins-, die zweite Top-10- und die dritte Alben-Chartsplatzierung für die Filmreihe. Es ist das vierte Filmalbum, das im neuen Jahrtausend auf Nummer Eins landet. Bereits 2015 gelang es mit dem Soundtrack zu Fifty Shades of Grey einem Filmalbum an die Spitze der Charts zu stoßen.

25. März 2016 – 31. März 2016

1 Woche 1 AnnenMayKantereit Alles nix Konkretes AnnenMayKantereit gelingt es mit ihrem Major-Debüt auf Platz eins zu gelangen.

1. April 2016 – 7. April 2016

1 Woche 1 Amon Amarth Jomsviking Für die schwedische Death-Metal-Band ist es das erste Nummer-eins-Album in Deutschland, nachdem die Band es bereits dreimal in die Top-10 geschafft hat.

8. April 2016 – 14. April 2016

1 Woche 1 Xavier Naidoo Nicht von dieser Welt 2 Die Fortsetzung von Nicht

von dieser Welt (1998) erreicht wie der erste Teil souverän die Top-Platzierung. Damit hat es bis auf das Debütalbum Seeing Is Believing von 1994 jedes Album von Naidoo auf Platz eins geschafft. Das Album stand auch in Schweiz und Österreich auf Platz 1.

15. April 2016 – 5. Mai 2016

3 Wochen 3 Andrea Berg Seelenbeben Für die Schlagersängerin ist es das achte Nummer-eins-Album in Folge.

6. Mai 2016 – 26. Mai 2016

3 Wochen 3 Udo Lindenberg Stärker als die Zeit Für Udo Lindenberg ist es nach Stark wie zwei (2008) und dem Livealbum MTV Unplugged – Live aus dem Hotel Atlantic das dritte Nummer-eins-Album.

27. Mai 2016 – 2. Juni 2016

1 Woche 1 Kontra K Labyrinth Der Rapper schafft es mit seinem fünften Soloalbum erstmals auf Platz 1.

3. Juni 2016 – 9. Juni 2016

1 Woche 1 Gzuz & Bonez MC High & hungrig 2 Das zweite Kollaboalbum der beiden Mitglieder der 187 Strassenbande beschert den beiden Rappern Platz 1. Bereits vorher kündigte sich ein Duell mit Farid Bangs Album Blut an, das letztlich Platz 2 der Charts erreichte.

10. Juni 2016 – 23. Juni 2016

2 Wochen 2 Volbeat Seal the Deal & Let's Boogie Der dänischen Metalband gelang nach Outlaw Gentlemen & Shady Ladies zum zweiten Mal in Folge der Sprung auf Platz eins.

24. Juni 2016 – 30. Juni 2016

1 Woche 1 Böhse Onkelz Böhse für's Leben Für die Böhsen Onkelz war es der achte Sprung an die Spitze der Charts. Im Bereich der härteren Rockmusik ziehen sie damit gleichauf mit Rammstein und Bon Jovi, die ebenfalls acht Mal die Charts anführten.

1. Juli 2016 – 7. Juli 2016

1 Woche 1 In Extremo Quid pro quo Quid pro quo ist das dritte Nummer-eins-Album für die Mittelalter-Metaller von In Extremo.

8. Juli 2016 – 14. Juli 2016

1 Woche 1 257ers Mikrokosmos Nach Boomshakkalakka das zweite Album auf Platz 1 in Folge für die 257ers.

15. Juli 2016 – 21. Juli 2016

1 Woche	1	Biffy Clyro	Ellipsis	21 Jahre nach der Gründung steht die schottische Band erstmals auf Platz 1 der deutschen Albumcharts.

22. Juli 2016 – 28. Juli 2016

1 Woche	1	Laith Al-Deen	Bleib unterwegs	Erstmals seit 2004 (Für alle) steht der Popsänger mit seinem Album wieder auf Platz 1.

29. Juli 2016 – 4. August 2016

1 Woche	1	Die Amigos	Wie ein Feuerwerk	Zum insgesamt siebten Mal steht das Schlager-Duo auf Platz 1 der deutschen Charts.

5. August 2016 – 11. August 2016

1 Woche	1	Billy Talent	Afraid of Heights	Nach Billy Talent II (2006) und Dead Silence (2012) stehen Billy Talent zum dritten Mal an der Spitze der Charts und verweisen damit Frei.Wilds Album 15 Jahre Deutschrock & SKAndale auf Platz 2.

12. August 2016 – 18. August 2016

1 Woche	1	Blues Pills	Lady in Gold	Die in Schweden ansässige Bluesrock-Band erreicht mit ihrem zweiten Album erstmals Platz eins der deutschen Charts.

19. August 2016 – 25. August 2016

1 Woche	1	Coup (Haftbefehl & Xatar)	Der Holland Job	Haftbefehl schaffte es das erste Mal auf Platz eins der Charts, Xatar das zweite Mal.

26. August 2016 – 1. September 2016

1 Woche	1	Die Lochis	#Zwilling	–

2. September 2016 – 8. September 2016

1 Woche	1	Beginner	Advanced Chemistry	Das Album erschien 13 Jahre nach ihrer letzten Veröffentlichung Blast Action Heroes und stellt die zweite Nummer eins für die Beginner dar.

9. September 2016 – 15. September 2016

1 Woche	1	Fler	Vibe	Nach Keiner kommt klar mit mir konnte Fler mit seinem 13. Studio-Album die zweite Nummer eins seiner Karriere erreichen.

16. September 2016 – 22. September 2016

1 Woche	2	Bonez MC & RAF Camora	Palmen aus Plastik	Für beide Rapper ist es das zweite Nummer-eins-Album, für Bonez MC sogar die zweite Nummer-Eins

im selben Jahr.

23. September 2016 – 29. September 2016

1 Woche	1	Schandmaul	Leuchtfeuer	–

30. September 2016 – 6. Oktober 2016

1 Woche	2	Bonez MC & RAF Camora	Palmen aus Plastik	–

7. Oktober 2016 – 13. Oktober 2016

1 Woche	1	Opeth	Sorceress	Nachdem sich das Vorgängeralbum Pale Communion 2014 Platz 3 sichern konnte, gelang der schwedischen Band jetzt der erste Nummer-eins-Hit in Deutschland.

14. Oktober 2016 – 20. Oktober 2016

1 Woche	1	Sportfreunde Stiller	Sturm & Stille	Nach La Bum (2007) ist dies das zweite Nummer-eins-Album für die Band aus München.

21. Oktober 2016 – 27. Oktober 2016

1 Woche	1	Clueso	Neuanfang	Wie bereits der Vorgänger Stadtrandlichter kommt auch das insgesamt siebte Studioalbum des gebürtigen Erfurters auf Platz 1 der Charts.

28. Oktober 2016 – 3. November 2016

1 Woche	1	Tim Bendzko	Immer noch Mensch	–

4. November 2016 – 10. November 2016

1 Woche	1	Böhse Onkelz	Memento	Zwölf Jahre nach ihrem letzten Studioalbum Adios gelingt der Rockband mit ihrem Comeback-Album zum insgesamt neunten Mal der Sprung an die Chartspitze.

11. November 2016 – 17. November 2016

1 Woche	1	Unheilig	Von Mensch zu Mensch	Mit ihrem Abschiedsalbum platzierten sich Unheilig mit ihrem vierten Studioalbum in Folge auf der Spitzenposition.

18. November 2016 – 24. November 2016

1 Woche	1	Shindy	Dreams	Mit seinem dritten Soloalbum erreicht der Rapper zum dritten Mal Platz 1.

25. November 2016 – 1. Dezember 2016

1 Woche	1	Metallica	Hardwired...to Self-Destruct	Die Metalband

erreicht seit 1991 mit dem siebten Studioalbum in Folge und insgesamt zum achten Mal die Chartspitze. Zudem hatte sie den erfolgreichsten Albumstart des Jahres und erreichte bereits in der ersten Woche Platin.[5]

2. Dezember 2016 – 8. Dezember 2016

1 Woche	1	KC Rebell	Abstand	Abstand ist das dritte Album von KC Rebell, welches es an die Chartspitze geschafft hat.

9. Dezember 2016 – 15. Dezember 2016

1 Woche	2	The Rolling Stones	Blue & Lonesome	–

16. Dezember 2016 – 22. Dezember 2016

1 Woche	1	Kollegah	Imperator	Imperator ist das dritte Solo-Album von Kollegah in Folge, welches auf Platz Eins der Albumcharts eingestiegen ist. Zählt man Kollabo-Alben und Labelsampler dazu, ist es seine insgesamt fünfte Nummer-Eins.

23. Dezember 2016 – 5. Januar 2017

2 Wochen	6	Helene Fischer & the Royal Philharmonic Orchestra	Weihnachten

Gerd Steinkoenig

6. Februar 2014 ·

DAS WERTVOLLSTE GUT

Gestern sah ich ZDF-Zoom, seit Monaten für mich die beste Reportagensendung im Deutschen Fernsehen. Sie legen IMMER den Finger in die Wunde und machen vor Keinem halt. Gestern erfuhr ich dann von - offizielle Statistik, mit Dunkelziffer wohl das Doppelte - ca 160 toten Kindern in Deutschland, 3 tote Kinder pro Woche. Ich rede nicht von Tod durch Krebs oder Autounfällen oder Phädophilenabschaum. Nein, ich rede von Kindern die totgeschlagen wurden, totgetreten, totgeschüttelt! Von den eigenen Eltern, vom innersten Famlienkreis! Und die Politik? Die spart! Darum geben Jugendämter die Aufträge an freie Organisationen. Um sich nicht überflüssig zu machen, damit das Geld weiter fließt, wird oberflächlich von denen betreut und nie gesagt, das Kind muss den Eltern entzogen werden, da es in Lebensgefahr ist! Die Politik braucht die Kohle für asozialen Banksterabschaum, für Manager und Lobbysten und was weiß ich. Danach waren im Lanz-Talk 2 Gerichtsmediziner, die mit dieser Problematik vertraut sind und der eine schrieb ein Buch darüber. Da hörte ich von Kinderärzten, die nicht unterscheiden können zwischen Knie beim Toben aufgeschlagen und Schlägen durch die Eltern. Da hörte ich von Freisprüchen vor Gericht, trotz eindeutiger Gutachten, weil der Richter meinte, sowas würden Eltern nicht machen. Da war von einem Säugling die Rede, dessen Hand auf die heiße Herdplatte gedrückt wurde. Wie gesagt: MITTEN IN DEUTSCHLAND 2014!

Gerd Steinkoenig

11. Januar 2014 ·

Abendgedanken über "Gott und die Welt"

Richtig schön spießig den ZDF-Samstagskrimi geguckt (Wilsberg), im Hintergrund läuft gerade Kommissar Stolberg. Manches bleibt halt - höchstens vom Zeitgeist verändert - immer gleich: die typischen Samstage mit Geräuschen von Heimwerkern oder Rasenmähern, Saturday Night Fever oder Bundesliga.... Oder eben die ZDF-Samstagskrimis....

Aber warum ich schreibe: was in den letzten Jahren - genau genommen der 11.9.2001 als Ausgangspunkt - in der Welt abgeht ist Wahnsinn! Es gab schon immer Ungerechtigkeiten, Kriege, Betrug an der Menschheit, Hunger, Verbrechen, Intrigen und was weiß ich - Human Nature.... Aber mittlerweile ist eine unglaubliche Skrupellosigkeit zu Tage getreten. Und Taten nach eiskaltem Kalkül: die Union, allen voran natürlich die Ewiggestrigen der CSU, wildert ohne Bedenken mit der Vorttäuschung falscher Daten im rechtspopulistischem Sumpf. Die Lemminge - Bildzeitungsleser, Tagesschaugucker usw - werden es schon schlucken. Warum? Europawahl! Politik und Verantwortung? Uninteressant! Echte Faschogefahren? Egal! Das Wohl des Bürgers? Wen interessierts! Die Europawahl steht an!! Familienministerin Schleßwig von der SPD hatte keinen schlechten Vorschlag mit der 32 Stunden-Woche für Eltern oder so ähnlich. Was war gestern? Morgens der Vorschlag, abends abgebügelt und erledigt. Dabei steht es im Groben im Koalitionsvertrag. Nie im Leben hält diese Große CDU/CSU/SPD-Koalition 4 Jahre. Man möchte es sogar hoffen, das sie platzt, wegen deren Machtfülle und Missbrauchsgefahren. Die haben locker im Bundestag eine 2/3-Mehrheit, so das mit dem undemokratischsten Quatsch das Grundgesetz geändert werden könnte.

Durch diverse fb-Freundinnen werde ich immer wieder darauf hingewiesen: Tierquälereien, unwissend Pelz tragende (weil der Jackenrand halt doch aus Katze ist), Zerstörung von Klima und Umwelt nach dem Motto "nach mir die Sintflut", blutende Erdnarben durch Fracking, dies und viel mehr wegen Gier, Geldgeilheit, Dummheit, Oberflächlichkeit. Natürlich nicht zu vergessen "meine Lieblinge", die Bankster und Manager, die Mächtigen aus Wirtschaft und Politik, denen "Otto Normalverbraucher" am Arsch vorbeigeht. Man darf nicht alle über einen Kamm scheren, ich hasse dieses SchwarzWeiß-Denken und wende es auch selbst nicht an: Ja, doch! Echt! Es gibt gute Manager, Politiker und Banker. Tatsächlich! Aber die Meisten erliegen ihrer Machtfülle, ihrem Egoismus, ihrer Gier. Sie pissen im wahrsten Sinne des Wortes auf die Welt (denkt an die Deutsche Bank-Toiletten, ein perverser Anblick).Human Nature....

Es gäbe noch viele Beispiele zu nennen, das Erstarken der Faschos bis zum Mittelklasse-Stammtisch, die Autokratie USA (der Präsident ist von Ölwirtschaft´s Gnaden), die mittelalterliche Hetze auf Schwulen und Lesben, das Aufkommen von Meinungsdiktaturen durch immer weniger unabhängiger Medien, der Untergang der vom Prinzip her guten EU-Idee, OrwellHochTausend durch NSA usw etc....

Aber zum Schluss möchte ich Hoffnung streuen. zur Human Nature gehört auch Liebe, Hilfe, Barmherzigkeit, Ehrenamt, Zusammenhalt, Vertrauen, Zweisamkeit, Idealismus, Vision, Positive Vibrations, Glaube an das Gute usw etc.... Die Hoffnung stirbt zuletzt! VIVA LA VIDA - ES LEBE DAS LEBEN :-) All you need is love :-)

PS 2017: 2 facebook-Notizen aus dem Jahre 2014 - und es wurde noch schlimmer... Trump, Putin, Erdogan (siehe Buch 2)... Nur die GroKo, die hält wohl doch bis zur BTW im September 2017...

Politische Diskussionen, überhaupt Diskussionen über das Leben, Philosophie, Gesellschaft, Fußball, Musik... Das war schon immer eine Lieblingsbeschäftigung von mir. Leider ist es im Gegensatz zu den 70ern oder 80ern gefährlich geworden, in der Eckkneipe z.B. über Politik zu diskutieren - in Zeiten von Petry, Höcke, Gauland, AfD, Trump, Le Pen....

Erinnere mich gerade spontan an das "Smile" in KL, müsste 1976 gewesen sein. Zu Viert an einem Tisch diskutierten wir über die Texte des neuen Genesis-Albums "A Trick Of The Tail". Ist der Text von "Mad Man Moon" einfach nur Nonsens oder tiefgründiger Surrealismus? Von Bier zu Bier wurde es immer lustiger...

Was ich beim Lesen der 2 Notizen bemerkte: die innere Ruhe war noch nicht in mir.... Das Lernen von fließen und strömen lassen, von think positive, kam erst Monate später so richtig in Gang und dauerte Jahre und ist auch jetzt - Stand: März 2017 - nicht abgeschlossen. Schließlich lernt man nie aus, der Weg ist gegenüber Anfang 2014 auf jeden Fall viel sonniger, positiver! I GO MY WAY!

Ausschnitt aus einer FERNSEHSERIEN-Wikipedia

Nachdem sich die Radioserien als Sendeformat mit hoher Bindungswirkung und guter Umgebung für Radiowerbung erwiesen hatten, wurde dieses Format ins Fernsehen übernommen. Ausgerechnet eine nicht-fiktionale Serie, Meet the Press, ist seit ihrem Debüt am 6. November 1947 die älteste Fernsehserie überhaupt. Stufenweise prägten sich Fernsehserien mit einer spezifischen Unterhaltungs-Thematik heraus. Berühmte Familienserien wie über die Mittelschicht-Familie in Father Knows Best (erste Folge am 3. Oktober 1954, deutscher Titel: „Vater ist der Beste") wurden in 203 Folgen gedreht, Serien wie Lassie (12. September 1954) oder Fury (15. Oktober 1955) stellten ein Haustier (Hund bzw. Pferd) in den Vordergrund. The Waltons (14. September 1972, Die Waltons) behandelten das schwere Leben einer Großfamilie in der Weltwirtschaftskrise. Western-Serien wie Gunsmoke (26. April 1952, Rauchende Colts), Cheyenne (20. September 1955, Cheyenne), Maverick (22. September 1957, Maverick) oder Bonanza (12. September 1959) zeigten den „wilden Westen", wie er nie war. Krimiserien wie 77 Sunset Strip (10. Oktober 1958), The Fugitive (17. September 1963, Auf der Flucht), Hawaii Five-O (20. September 1968), The Streets of San Francisco (16. September 1972, Die Straßen von San Francisco) oder The Rockford Files (13. September 1974, Detektiv Rockford – Anruf genügt) brachten Spannung in die Haushalte. In der „prime time" hatten die – auch international überaus erfolgreichen - Seifenopern Dallas (2. April 1978) und Dynasty (12. Januar 1981, Der Denver-Clan) einen festen Sendeplatz gefunden. In neuerer Zeit eroberten Cartoon-Serien wie Die Simpsons (17. Dezember 1989) oder South Park (13. August 1997) die Bildschirme.

Über TV-Serien schrieb ich ausführlich in einem Kapitel in Buch 1, über Dallas und Columbo, Miami Vice oder Der Kommissar... Ich hätte ja bei diesem Wiki-Abschnitt bei den Western an die Shiloh Ranch gedacht, oder an High Chaparal, ach ja und Big Valley... Nun ja, vielleicht sollte ich meine Wiki-Works intensiver gestalten. Bisher veränderte ich erst einen Artikel, da ging es um Krautrock und es fehlte tatsächlich Can! Ein Krautrock-Artikel ohne Can!! Musste ich ausmerzen, lach... Ich glaube, in dieser Wiki muss ich auch die Messer wetzen: natürlich kann nur ein geringer Teil erwähnt werden, aber ohne Twin Peaks oder Kojak? Nee, das muss ich ändern, lach...

ICH WAR NOCH NIEMALS IN NEW YORK...

Meine Auslandsaufenthalte waren alle in der Nähe Deutschlands: Spanien, Frankreich, Schweiz, Österreich, Italien. Wobei: Italien stimmt nicht, es war Südtirol... Sag NIE zu einem Südtiroler Italiener... Mein Traum bleibt Paris (z.B. das Louvre-Museum) und New York City. Irgendwann... Die Träume dürfen schließlich nie ausgehen...

New York City (BE: [ˈnjuːˈjɔːk ˈsɪti]; AE: [nuːˈjɔɹk ˈsɪri], kurz: New York, deutsch veraltet: Neuyork,[2] Abk.: NYC) ist eine Weltstadt an der Ostküste der Vereinigten Staaten. Sie liegt im Bundesstaat New York und ist mit mehr als acht Millionen Einwohnern die bevölkerungsreichste Stadt der Vereinigten Staaten.[3]

Die Metropolregion New York mit 18,9 Millionen Einwohnern[4] ist einer der bedeutendsten Wirtschaftsräume und Handelsplätze der Welt, Sitz vieler internationaler Konzerne und Organisationen wie der Vereinten Nationen sowie wichtiger Seehafen an der amerikanischen Ostküste. Die Stadt genießt mit ihrer großen Anzahl an Sehenswürdigkeiten, den 500 Galerien, etwa 200 Museen, mehr als 150 Theatern und mehr als 18.000 Restaurants Weltruf auch in den Bereichen Kunst und Kultur und verzeichnet jedes Jahr etwa 50 Millionen Besucher, davon knapp 12 Millionen aus dem Ausland.[5][6] Laut Forbes Magazine ist New York City die Stadt mit den höchsten Lebenshaltungskosten in den Vereinigten Staaten sowie eine der teuersten Städte weltweit.[7]

Nachdem 1524 Giovanni da Verrazano und 1609 Henry Hudson die Gegend des heutigen New Yorks erforscht hatten, siedelten ab 1610 niederländische Kaufleute an der Südspitze der Insel Manna-Hatta und bald darauf an der Westspitze von Long Island, dem heutigen Brooklyn. Erst 1626 kaufte Peter Minuit den Einheimischen, wahrscheinlich Lenni-Lenape-Indianern, die Insel „Manna-hatta" für Waren im Wert von 60 Gulden ab. Die damit begründete Siedlung erhielt danach den Namen Nieuw Amsterdam und war zunächst Hauptstadt der Kolonie Nieuw Nederland, bis sie 1664 von den Briten erobert wurde und die Stadt den seither gültigen Namen bekam.[8] Ihr Aufstieg zur Weltstadt begann 1825 mit der Fertigstellung des Eriekanals.

FILME...

Stanley Kubrick, mein Regiefavorit: Dr. Seltsam - oder wie ich lernte, die Bombe zu lieben, Clockwork Orange, Shining, Spartacus, 2001 - Odysee im Weltraum, Full Metal Jacket... Für mich ist er ein Genie, der in vielen Genres Highlights setzte. Und nun Oscar-Filme der 60er und 70er... Die Namen unter den Siegerfilmen (Kategorie: Bester Film) sind die weiteren Nominierungen.

32. 1960 Sam Zimbalist Ben Hur Otto Preminger für Anatomie eines Mordes

Henry Blanke für Geschichte einer Nonne

George Stevens für Das Tagebuch der Anne Frank

John Woolf und James Woolf für Der Weg nach oben

1961–1970

Oscar Jahr Preisträger für den Film Nominierungen

33. 1961 Billy Wilder Das Appartement Bernard Smith für Elmer Gantry

Jerry Wald für Söhne und Liebhaber

John Wayne für Alamo

Fred Zinnemann für Der endlose Horizont

34. 1962 Robert Wise West Side Story Carl Foreman für Die Kanonen von Navarone

Stanley Kramer für Das Urteil von Nürnberg

Joshua Logan für Fanny

Robert Rossen für Haie der Großstadt

35. 1963 Sam Spiegel Lawrence von Arabien Morton DaCosta für Music Man

Alan J. Pakula für Wer die Nachtigall stört

Aaron Rosenberg für Meuterei auf der Bounty

Darryl F. Zanuck für Der längste Tag

36. 1964 Tony Richardson Tom Jones – Zwischen Bett und Galgen Elia Kazan für Die Unbezwingbaren

Ralph Nelson für Lilien auf dem Felde

Bernard Smith für Das war der Wilde Westen

Walter Wanger für Cleopatra

37. 1965 Jack L. Warner My Fair Lady Michael Cacoyannis für Alexis Sorbas

Walt Disney und Bill Walsh für Mary Poppins

Stanley Kubrick für Dr. Seltsam oder: Wie ich lernte, die Bombe zu lieben

Hal B. Wallis für Becket

38. 1966 Robert Wise Meine Lieder – meine Träume Fred Coe für Tausend Clowns

Joseph Janni für Darling

Stanley Kramer für Das Narrenschiff

Carlo Ponti für Doktor Schiwago

39. 1967 Fred Zinnemann Ein Mann zu jeder Jahreszeit Lewis Gilbert für

Der Verführer läßt schön grüßen

Norman Jewison für Die Russen kommen! Die Russen kommen!

Ernest Lehman für Wer hat Angst vor Virginia Woolf?

Robert Wise für Kanonenboot am Yangtse-Kiang

40. 1968 Walter Mirisch In der Hitze der Nacht Warren Beatty für Bonnie und Clyde

Arthur P. Jacobs für Doktor Dolittle

Stanley Kramer für Rat mal, wer zum Essen kommt

Lawrence Turman für Die Reifeprüfung

41. 1969 John Woolf Oliver Ray Stark für Funny Girl

Paul Newman für Die Liebe eines Sommers

Martin Poll für Der Löwe im Winter

Anthony Havelock-Allan und John Brabourne für Romeo und Julia

42. 1970 Jerome Hellman Asphalt-Cowboy John Foreman für Zwei Banditen

Ernest Lehman für Hello, Dolly!

Jacques Perrin und Ahmed Rachedi für Z

Hal B. Wallis für Königin für tausend Tage

1971–1980

Oscar Jahr Preisträger für den Film Nominierungen

43. 1971 Frank McCarthy Patton – Rebell in Uniform Ross Hunter für Airport

Howard G. Minsky für Love Story

Ingo Preminger für MASH

Bob Rafelson und Richard Wechsler für Five Easy Pieces – Ein Mann sucht sich selbst

44. 1972 Philip D'Antoni Brennpunkt Brooklyn Stephen J. Friedman für Die letzte Vorstellung

Norman Jewison für Anatevka

Stanley Kubrick für Uhrwerk Orange

Sam Spiegel für Nikolaus und Alexandra

45.	1973	Albert S. Ruddy Der Pate	John Boorman für Beim Sterben ist jeder der Erste

Cy Feuer für Cabaret

Bengt Forslund für Emigranten

Robert B. Radnitz für Das Jahr ohne Vater

46.	1974	Tony Bill

Michael Phillips

Julia Phillips	Der Clou	Ingmar Bergman für Schreie und Flüstern

William Peter Blatty für Der Exorzist

Melvin Frank für Mann, bist du Klasse!

Francis Ford Coppola und Gary Kurtz für American Graffiti

47.	1975	Francis Ford Coppola

Gray Frederickson

Fred Roos	Der Pate – Teil II	Irwin Allen für Flammendes Inferno

Francis Ford Coppola für Der Dialog

Robert Evans für Chinatown

Marvin Worth für Lenny

48.	1976	Saul Zaentz

Michael Douglas	Einer flog über das Kuckucksnest	Robert Altman für Nashville

Martin Bregman und Martin Elfand für Hundstage

Stanley Kubrick für Barry Lyndon

Richard D. Zanuck und David Brown für Der weiße Hai

49.	1977	Irwin Winkler

Robert Chartoff	Rocky	Robert F. Blumofe und Harold Leventhal für Dieses Land ist mein Land

Walter Coblenz für Die Unbestechlichen

Howard Gottfried für Network

Michael Phillips und Julia Phillips für Taxi Driver

50. 1978 Charles H. Joffe Der Stadtneurotiker Gary Kurtz für Krieg der Sterne

Herbert Ross und Arthur Laurents für Am Wendepunkt

Richard A. Roth für Julia

Ray Stark für Der Untermieter

51. 1979 Barry Spikings

Michael Deeley

Michael Cimino

John Peverall   Die durch die Hölle gehen   Warren Beatty für Der Himmel soll warten

Jerome Hellman für Coming Home – Sie kehren heim

Alan Marshall und David Puttnam für 12 Uhr nachts – Midnight Express

Paul Mazursky und Anthony Ray für Eine entheiratete Frau

52. 1980 Stanley R. Jaffe Kramer gegen Kramer Tamara Asseyev und Alexandra Rose für Norma Rae – Eine Frau steht ihren Mann

Robert Alan Aurthur für Hinter dem Rampenlicht

Francis Ford Coppola, Fred Roos, Gray Frederickson und Tom Sternberg für Apocalypse Now

Peter Yates für Vier irre Typen – Wir schaffen alle, uns schafft keiner

Wie in Buch 1, EIN QUIZ, hahaha...

1. In welcher legendären 60er Jahre-Comedy spielte "J.R. Ewing" Larry Hagman die Hauptrolle?

2. Wer spielte das Titelthema der US-Krimiserie Hawaii 5-0?

3. Welcher einer meiner Lieblingsschauspieler brillierte in The Graduate, Little Big Man, Rain Man?

4. Was hat die 1. Staffel "NYPD Blue" und die Serie "CSI:Miami" gemeinsam?

5. Welcher große The Doors-Song erklingt im Coppola-Meisterwerk Apocalypse Now? (Der Autor hat auf Casette den Soundtrack...)

6. Wer hatte eine tragende Hauptrolle in "Boston Legal" und "The Black List"?

7. Mal sehen, wer bei diesem Buch aufgepasst hat: Wer singt das Original von Without You? Grins...

8. Was spielen Metallica an bei ihrem Auftritt in "The Simpsons"?

9. Wer war Gaststar bei Star Trek und The Simpsons?

10. Was haben Rocky III / Rocky IV und die Serie Baywatch musikalisch gemeinsam?

11. Wieviele Songtexte sind in der Blood On The Rooftops-Trilogie abgedruckt? (Zum Lösen der Frage: einfach alle Bücher bestellen, hihihi)

12. Aus welchem Film stammt das Zitat: Elvis war der erste Punker...

Bei allen richtig beantworteten Fragen gibt es wieder nicht die 1983 verfassten 44 empfehlenswerten LPs des Autors in einer Box... Dafür hätte ich noch ein paar Infos (Ausschnitte aus Wikis) zu Lieblingsalben meinerseits:

The Beatles (Album)

The BEATLES

Studioalbum von The Beatles

Cover

Veröffentlichung 22. November 1968

Label Apple / Capitol / EMI

Format LP, CD, MC, Tonband, 8-Spur-Kassette

Genre verschiedene (siehe → hier)

Anzahl der Titel 30

Laufzeit 93 min 43 sec

Besetzung

John Lennon: Rhythmusgitarre, Gesang

Paul McCartney: Bass, Gesang

George Harrison: Leadgitarre, Gesang

Ringo Starr: Schlagzeug, Gesang

Produktion   George Martin, Chris Thomas

Studio   Abbey Road Studios, Olympic Studios, Trident Studios

The Beatles (Covertext: ‚The BEATLES') – wegen seines schlichten weißen, von Richard Hamilton entworfenen Covers als The White Album (engl. ‚Das weiße Album') bezeichnet – ist das neunte offizielle Album der Beatles. Das 1968 veröffentlichte Album wird oft als eines der besten der Musikgeschichte bezeichnet. Im Jahr 2004 wurde es vom Magazin Rolling Stone in der deutschen Ausgabe der Liste der 500 besten Alben aller Zeiten auf Platz 5 gewählt, in der amerikanischen Version auf Platz 10.

Entstehung

The Beatles ist das einzige Doppelalbum der Beatles und entstand in ihrer Spätphase. Zum Zeitpunkt der Aufnahmen zeichnete sich das Ende der Beatles bereits langsam ab, so verließ beispielsweise Ringo Starr für einige Zeit während der Aufnahmen die Gruppe, da er sich nur als „fünftes Rad am Wagen" sah. Mit der Meinung, nicht mehr in die Gruppe zu passen, fuhr er vorerst mehrere Wochen nach Sardinien. Während seiner Abwesenheit übernahm kurzfristig Paul McCartney das Schlagzeug für die zuerst aufgenommenen Stücke Back in the USSR und Dear Prudence. Die anderen Beatles schickten Starr, der immer noch auf Sardinien Urlaub machte, Blumen und baten ihn mit vielen Postkarten, doch bitte wieder zurückzukommen, was Starr dann nach wenigen Wochen auch tat. In seiner Abwesenheit hatten die restlichen Beatles sein Schlagzeug mit Blumen geschmückt.

Die Risse innerhalb der Band, insbesondere zwischen John Lennon und Paul McCartney, waren aber nicht mehr zu kitten. Auch Yoko Ono war nun fast immer mit im Studio, um Lennon zu begleiten, zusammen mit George Harrisons Frau Pattie Boyd sang sie Backing-Vocals bei Birthday, sowie eine Zeile bei The Continuing Story of Bungalow Bill. Eric Clapton spielte das Gitarrensolo auf While My Guitar Gently Weeps. Klarinettist bei Honey Pie war der Jazzmusiker Harry Klein; bei Savoy Truffle spielte er Saxophon.

Stil und Zusammensetzung

Im Gegensatz zum vorhergehenden Konzeptalbum Sgt. Pepper's Lonely Hearts Club Band handelt es sich beim White Album um eine Sammlung einzelner Lieder ohne größeren inhaltlichen Zusammenhang. Dennoch sind die Stücke so eng aneinandergefügt, dass die sonst übliche Stille von mehreren Sekunden nicht entsteht. Diese ist nötig, um bei analogen Abspielgeräten die Abtasteinrichtung in die auf Vinylplatten sichtbare Leerrille zu platzieren, oder damit Suchprogramme in digitalisiertem Material ein Stück vom nächsten unterscheiden können.

Auffällig ist, dass die Beatles sich in einer ganzen Reihe von unterschiedlichen Stilrichtungen versuchten. Vertreten sind

- Psychedelia (Glass Onion, Piggies, Long Long Long)
- Rock 'n' Roll (Back in the USSR, Birthday)
- Blues (Yer Blues, Why Don't We Do It in the Road, Revolution 1)
- Progressive Rock (Happiness Is a Warm Gun)
- Country (Rocky Raccoon, Don't Pass Me By)
- Folk (Blackbird, Mother Nature's Son, The Continuing Story of Bungalow Bill)
- Ragtime (Honey Pie)
- Reggae (Ob-La-Di, Ob-La-Da)
- Hard Rock (Helter Skelter, Everybody's Got Something to Hide Except Me and My Monkey)
- Balladen (Julia, While My Guitar Gently Weeps, Dear Prudence, Martha My Dear, I Will, Sexy Sadie, Cry Baby Cry, Good Night) und eine

avantgardistische Toncollage (Revolution 9)

Während der Aufnahmen übernahmen die Beatles oft selbst die Regie am Mischpult. Der offizielle Produzent nahezu aller Beatles-Alben, George Martin, hat sich deshalb später öffentlich etwas vom White Album distanziert, und meinte, man hätte daraus ein perfektes Einzel-Album produzieren können. Auch während der Produktion zog sich George Martin häufiger zurück und überließ dem jungen, damals relativ unerfahrenen Chris Thomas die Produktion einiger Titel. Für viele Fans macht die große Stilvielfalt dieses Album zum besten der Beatles.

"I really didn't think that a lot of the songs were worth of release, and I told them so. I said 'I don't want a double-album. I think you ought to cut out some of these, concentrate on the really good ones and have yourself a really super album. Let's whittle them down to 14 or 16 titles and concentrate on those.'"

„Ich war wirklich nicht der Ansicht, dass viele der Songs veröffentlicht werden sollten, und das habe ich ihnen auch gesagt. Ich sagte: ‚Ich will kein Doppelalbum. Ich denke ihr solltet lieber auf ein paar Stücke verzichten, euch auf die wirklich guten konzentrieren und ein wirklich tolles Album machen. Lasst uns das Ganze auf 14 bis 16 Titel reduzieren und uns auf die konzentrieren.'"

– George Martin zit. aus Lewisohn, 1988

Das Album wurde in Großbritannien in einer Mono- und in einer Stereoversion veröffentlicht. In den USA und Deutschland wurde das Album ausschließlich in der Stereoabmischung vertrieben.

A Trick of the Tail

A Trick of the Tail

Studioalbum von Genesis

Veröffentlichung   20. Februar 1976

Aufnahme Oktober–November 1975

Label Charisma Records (UK)

ATCO (US)

Format CD, DVD, Hybrid-SACD, LP

Genre Progressive Rock

Anzahl der Titel 8

Laufzeit 51:01

Besetzung

Phil Collins: Gesang, Schlagzeug

Tony Banks: Orgel, Klavier, Mellotron, Synthesizer, 12-Saiten-Gitarre

Steve Hackett: Gitarre

Mike Rutherford: Gitarre, E-Bass

Produktion Genesis, David Hentschel

Studio Trident Studios, London (England)

A Trick of the Tail (engl. für: „Ein Streich des Schwanzes") ist das siebte Studioalbum der britischen Progressive Rock-Band Genesis. Es erschien im Februar 1976 und war die erste Veröffentlichung der Band nach dem Ausstieg des Frontmanns Peter Gabriel. Der Schlagzeuger Phil Collins, der bereits im Studio und auf der Bühne für den Begleitgesang verantwortlich gewesen war, übernahm fortan zusätzlich auch die Hauptstimme der Gruppe.

Mit Rang 31 in den nordamerikanischen Albumcharts war A Trick of the Tail das bis dahin erfolgreichste Album der Band.[1]

Titelliste

Dance on a Volcano (Tony Banks, Phil Collins, Mike Rutherford, Steve Hackett) - 5:53

Entangled (Tony Banks, Steve Hackett) - 6:28

Squonk (Mike Rutherford, Tony Banks) - 6:27

Mad Man Moon (Tony Banks) - 7:35

Robbery, Assault and Battery (Tony Banks, Phil Collins) - 6:15

Ripples... (Tony Banks, Mike Rutherford) - 8:03

A Trick of the Tail (Tony Banks) - 4:34

Los Endos (Phil Collins, Steve Hackett, Mike Rutherford, Tony Banks) - 5:46

DVD-Extras (2007 Release)

Band Interview 2006

Promotional Videos: Robbery, Assault and Battery, Ripples... & A Trick of the Tail

Genesis: In Concert (Konzertfilm von 1977, gefilmt während der Tournee 1976)

White Rock Show 1977 (Galerie mit 8 Bildern)

Entstehung

Bereits zu Beginn der The Lamb Lies Down on Broadway-Tournee im Jahre 1974 hatte Peter Gabriel angekündigt, Genesis nach dem letzten Konzert zu verlassen. Man begründete diesen Schritt mit privaten Problemen des Sängers und fortschreitenden Differenzen innerhalb des Bandgefüges, da die von Gabriel in weiten Teilen bestimmte konzeptionelle Ausrichtung der Gruppe mittlerweile als zu dominant empfunden wurde.[2] Die verbliebenen Musiker sahen nun eine Möglichkeit sich von dem Image als „Peter-Gabriel-

Begleitband"[3] zu lösen und begannen bereits 1975 mit den Arbeiten an einem neuen Album, obwohl der Posten des Leadsängers zunächst unbesetzt blieb. Die flüchtige Idee mit rein instrumentaler Musik fortzufahren wurde rasch wieder verworfen.[4]

Auf dem Album trat Phil Collins, der schon 1971 auf For Absent Friends (Nursery Cryme) und 1973 auf More Fool Me (Selling England By The Pound) die Hauptstimme übernommen hatte, vollständig als Sänger in Erscheinung. Nach langer Suche zu einem Nachfolger für Gabriel entschied man sich letztendlich für den Schlagzeuger der Gruppe, da vor allem seine Interpretation des Titels Squonk gegenüber denen der eingeladenen Kandidaten überzeugen konnte.[3] Bei Live-Konzerten übernahm Collins fortan lediglich bei instrumentalen musikalischen Abschnitten das Schlagzeug, so dass man 1976 zunächst Bill Bruford als zweiten Schlagzeuger für Auftritte verpflichtete. Ab 1977 wurde dieser Posten ausschließlich von Chester Thompson besetzt, abgesehen von Nick D'Virgilio, der während der Calling All Stations Tour 1998 am Schlagzeug saß.

Die Aufnahmen zu A Trick of the Tail fanden von Oktober bis November 1975 in den Trident Studios in London statt,[5] bevor das Album am 20. Februar 1976 über das Plattenlabel Charisma Records veröffentlicht wurde.

Steve Hackett verließ Genesis nach der Tournee zum Nachfolgealbum Wind & Wuthering (1977) ebenfalls. Bereits während der Arbeit an Trick of the Tail hat er 1975 sein erstes Soloalbum Voyage of the Acolyte veröffentlicht.

Rumours

Rumours

Studioalbum von Fleetwood Mac

Veröffentlichung	4. Februar 1977
Label	Warner Bros.
Format	CD, LP
Genre	Rock 'n' Roll
Anzahl der Titel	11

Laufzeit 40:03

Besetzung

Gesang: Stevie Nicks

Gitarre / Gesang: Lindsey Buckingham

Bassgitarre: John McVie

Keyboard / Gesang: Christine McVie

Schlagzeug / Perkussion: Mick Fleetwood

Produktion   Fleetwood Mac, Ken Caillat & Richard Dashut

Studio   Record Plant Studios, Sausalito

Wally Heider Studios, Los Angeles

Criteria Studios, Miami

Davlen Recording Studio, North Hollywood

Rumours (Englisch für Gerüchte) ist ein Pop-Album der Band Fleetwood Mac aus dem Jahr 1977. Das elfte Studioalbum der Gruppe gehört mit 40 Millionen verkauften Exemplaren zu den weltweit erfolgreichsten Tonträgern. Im Dezember 1976, noch vor der Veröffentlichung des Albums, wurde die Single Go Your Own Way ausgekoppelt.

Geschichte

In den zwei Jahren seit dem Erscheinen des letzten Albums waren die Verhältnisse innerhalb der Band schwierig geworden. Mick Fleetwood trennte sich von seiner Frau Jenny. Lindsey Buckingham und Stevie Nicks, die eine Beziehung hatten, als sie der Gruppe beitraten, trennten sich ebenfalls, genauso wie John und Christine McVie, obwohl alle fünf in der Band blieben. Das bedeutete, wie Stevie Nicks später darlegte, dass Leute, die normalerweise keine Rolle im Leben der Anderen spielten, viele Stunden und schwere Zeiten zusammen erlebten. Christine McVie merkte später an, dass sie jeweils gegenseitig über sich schrieben, daher auch der Titel des Albums.

Nicks hielt das von Buckingham geschriebene Stück Go Your Own Way für eine düstere Anspielung auf die vorauszusehende Trennung dieser Besetzung, und sie und Buckingham diskutierten darüber. Dreams war ihr Versuch, optimistischer zu sein. You Make Loving Fun bezog sich auf eine Affäre zwischen Christine McVie und dem leitenden Beleuchter der Gruppe. Gold Dust Woman war eine Anspielung auf Kokain. Don't Stop wurde von Christine McVie nach ihrer Scheidung geschrieben und gewährte eine optimistische Aussicht auf ihre frisch getrennten Leben. Songbird wurde von Christine McVie als „eine kleine Hymne" beschrieben, die „für uns alle bestimmt ist". The Chain war eine Besonderheit. Der letzte Teil, etwa die letzten eineinviertel Minuten, wurde zuerst geschrieben, ohne dass es einen Titel gab. Stevie Nicks hatte diesen Teil allein geschrieben und gab ihn den Anderen, wie sie sagte. Daraufhin hatte Lindsey Buckingham eine Idee für den Beginn, und der erste Teil wurde aufgenommen.[1]

1978 gewann Rumours einen Grammy für das Album des Jahres 1977 und hielt sich 31 Wochen an der Spitze der Billboard Music Charts. Bis 2003 hatte sich das Album allein in den USA mehr als 19 Millionen Mal verkauft und wurde von der RIAA als „drittmeistverkauftes Album aller Zeiten bestehend aus einer Disc" ausgezeichnet.

In den 1990er Jahren wurde der Titel Songbird von Eva Cassidy, einer amerikanischen Sängerin, die in Großbritannien recht populär ist, gecovert. Ihre Version wurde dort sehr bekannt. 2006 wählten die Leser der Zeitschrift Q Rumours auf Platz 68 der „größten Alben aller Zeiten"; 2001 war es auf Platz 16 des Fernsehsenders VH1. 2003 war das Album auf Platz 25 der Liste der 500 größten Alben aller Zeiten der Zeitschrift Rolling Stone.

The Joshua Tree

The Joshua Tree

Studioalbum von U2

Veröffentlichung 9. März 1987

Label Island Records

Format LP, MC, DCC und CD

Genre Rockmusik

Anzahl der Titel 11

Laufzeit 50 min 11 s

Besetzung

Gesang, Mundharmonika: Bono

Gesang, Gitarre, Klavier: The Edge

Bass: Adam Clayton

Schlagzeug: Larry Mullen junior

Gesang, Gitarre, Keyboard: Brian Eno

Gesang, Gitarre, Perkussion: Daniel Lanois

Produktion Brian Eno, Daniel Lanois

Studio Windmill Lane Studios,

Dublin, Irland (1986)

The Joshua Tree ist das fünfte Studioalbum der irischen Rockband U2 und wurde am 9. März 1987 von dem Label Island Records veröffentlicht. Die Produzenten waren Brian Eno und Daniel Lanois. Gewidmet ist das Album Bonos Freund und Roadie Greg Caroll, der 1986 im Alter von 26 Jahren bei einem Autounfall in Dublin starb.

Die Band verbindet bei The Joshua Tree den selbstbewusst-aggressiven Ton der Alben Boy und War sowie den eher stimmungsvollen und verästelten Ansatz von October und The Unforgettable Fire mit einer erhöhten Experimentierfreudigkeit sowie einfachen Melodien und musikalischen Strukturen.[1] The Joshua Tree erhielt 2003 vom Rolling Stone den 26. Platz unter den 500 besten Alben der Popmusik.[2]

Use Your Illusion

Use Your Illusion I

Studioalbum von Guns N' Roses

Veröffentlichung 17. September 1991

Label Geffen Records

Format CD, LP

Genre Hard Rock

Anzahl der Titel 16

Laufzeit 76:04

Besetzung

- Axl Rose: Gesang, Piano, Acoustic Gitarre
- Slash: Lead-Gitarre, Gitarre, Background Gesang
- Izzy Stradlin: Gitarre, Lead-Gitarre, Gesang, Background Gesang
- Duff McKagan: Bass-Gitarre, Background Gesang
- Matt Sorum: Schlagzeug, Background Gesang
- Dizzy Reed: Keyboard, Piano, Background Gesang
- Perkussion-Spieler: Izzy Stradlin, Axl Rose, West Arkeen, Howard Teman, RikRichards & Ray Garden

Produktion   Mike Clink, Guns N' Roses

Studio   A&M Studios, Record Plant Studios, Studio 56, Image Recording, Conway Studios & Metalworks Recording Studios

Use Your Illusion I   Use Your Illusion II

(1991)

Studioalbum von Guns N' Roses

Veröffentlichung   17. September 1991

Label   Geffen Records

Format CD, LP

Genre   Hard Rock, Blues Rock

Anzahl der Titel   14

Laufzeit   75:21

Besetzung

- W. Axl Rose: Gesang, Piano, Akustikgitarre
- Slash: Lead-Gitarre, Gitarre, Background-Gesang
- Izzy Stradlin: Gitarre, Lead-Gitarre, Gesang, Background-Gesang
- Duff "Rose" McKagan: Bass-Gitarre, Acoustic, Background Gesang
- Matt Sorum: Schlagzeug, Background-Gesang
- Dizzy Reed: Keyboard, Piano, Background Gesang
- Perkussion-Spieler: Izzy Stradlin, W. Axl Rose, West Arkeen, Howard Teman, RikRichards & Ray Garden

Produktion   Mike Clink, Guns N' Roses

Studio   A&M Studios, Record Plant Studios, Studio 56, Image Recording, Conway Studios & Metalworks Recording Studios

Use Your Illusion I (engl. für: „Nutze deine Einbildungskraft") und Use Your Illusion II sind zwei gleichzeitig am 17. September 1991 erschienene Studioalben der US-amerikanischen Hardrock-Band Guns N' Roses. Hierbei handelt es sich um das dritte bzw. vierte Studioalbum der Gruppe. Die beiden Alben sorgten für einen erheblichen Popularitätsschub der Band, waren einzeln jedoch nicht so erfolgreich wie ihr Debütalbum Appetite for Destruction. Zwischen den Jahren 1991 und 1993 erschienen insgesamt acht Singleauskopplungen, eine gleichnamige Tournee fand ebenfalls zwischen 1991 und 1993 statt. Es entstanden insgesamt zehn Musikvideos zu den insgesamt 30 Liedern beider Alben.

Entstehung

Im Jahr 1989 kündigte Bandleader Axl Rose an, in Kürze ganze vier Alben gleichzeitig veröffentlichen zu wollen. Im Laufe der Zeit musste dieses Versprechen auf zwei Einzelalben nach unten korrigiert werden und das Releasedatum wurde immer wieder nach hinten verschoben. Diese Verschiebungen gingen so weit, dass die angesetzte Use-Your-Illusion-Tour (1991–1993) noch vor Veröffentlichung der Alben gestartet wurde.

Am 17. September 1991 wurden beide Alben - versehen mit dem Aufkleber: This Album contains language which some listeners may find objectionable. They can F?!* OFF and buy something from the New Age section. - wie angekündigt gleichzeitig veröffentlicht und verursachten einen regelrechten Ansturm auf die Plattenläden. Innerhalb einer Woche wurden von beiden Alben insgesamt 1,5 Millionen Exemplare verkauft. Sowohl in den US Billboard-Charts als auch in den Charts vieler anderer Länder stiegen die Alben auf den Plätzen 1 und 2 ein.

Gastmusiker

Als Gastmusiker wirkten unter anderem mit:

Alice Cooper (The Garden)

Michael Monroe

Shannon Hoon

Nikki Randall

Musikstil

Die Alben sind nicht mehr so rau und hart wie das Debütalbum Appetite for Destruction, sondern enthalten Elemente des Blues, des klassischen Hardrock und auch Stücke von geradezu epischem Ausmaß, wie z. B. die Ballade November Rain auf Use Your Illusion I oder Estranged auf Use Your Illusion II, die jeweils rund neun Minuten lang sind. Das längste Lied beider Alben ist Coma mit über zehn Minuten.

Beide Alben im Vergleich

Gemeinsamkeiten

Grundsätzlich unterscheiden sich die beiden Alben eher als dass sie sich gleichen. Gemein haben die beiden Werke lediglich das Erscheinungsdatum sowie das Covermotiv (welches jedoch unterschiedlich gefärbt ist). Sowohl Use Your Illusion I als auch Use Your Illusion II enthalten je eine Coverversion (das Wings-Cover Live and Let Die auf dem ersten Album, das Bob Dylan-Lied Knockin' on Heaven's Door auf dem zweiten Album). Außerdem ist jeweils eine Version des Liedes Don't Cry vertreten.

In Kanada erreichten beide Alben Platz eins der Charts, dies gelang der Gruppe in keinem anderen Land. In den USA gab es für beide Alben jeweils siebenfach Platin für die Gruppe, in Großbritannien gab es jeweils Platin.

NACHWORT

Ich weiß noch, welch Hype in jener Zeit um Guns n Roses bestand. Durch eine damalige Gesetzeslücke wurden viele Livealben veröffentlicht, die nicht offiziell waren. Wie ich in der Story of Rock in Buch 1 schrieb: der Abgesang des Rock in seiner revolutionären Kraft, die

Deadline des Oldschool-Rock. Jaaa, es gibt auch 2017 CDs von alten Recken, aber Use Your Illussion war der Schlussstrich, bevor endgültig die illussionslosen Buchhalter die Plattenfirmen übernahmen.

In Teil 3 wurde hauptsächlich auf Wikipedias zurückgegriffen. Mehr Infos zu von mir geschriebenem. Nun habe ich mich 3 Bücher lang ausgetobt. Es werden weiterhin Songs und Alben fehlen, grins.. Egal, mein Anliegen habe ich kundgetan. Meine Mediabiografie, ein Abriss meines musikalischen Lebens, Lieblingsalben, gesehene Konzerte, Lieblingsserien, ein paar Erlebnisse usw... Aber ich geb zu: einen Wälzer schreiben zu können wie das Rocklexikon (hab mich in Band 1 verschrieben, es sind nicht ca 1000, es sind ca 2000 Seiten...), da fehlt mir vielleicht doch das Know How. Wer weiß, in 10 Jahren bin ich womöglich soweit. Oder einen Roman, oder eine Erzählung, hahaha, tschüss, das war´s, DANKE FÜR EURE AUFMERKSAMKEIT.

PS: das neue Album von Ed Sheeran ist gut!

Herstellung und Verlag:
BoD - Books on Demand, Norderstedt
ISBN 978-3-7431-9716-9